ALEXANDER MARK

Die

REICHTUMS
BLAUPAUSE

ALEXANDER MARK

Die

REICHTUMS BLAUPAUSE

Die spirituellen Hacks für
Wohlstand und Erfolg

MOMANDA

Wichtige Hinweise

Die im Buch veröffentlichten Empfehlungen wurden von Verfasser und Verlag sorgfältig erarbeitet und geprüft. Eine Garantie kann dennoch nicht übernommen werden. Ebenso ist die Haftung des Verfassers bzw. des Verlages und seiner Beauftragten für Personen-, Sach- und Vermögensschäden ausgeschlossen.

• • •

Um Dich, liebe Leserin, lieber Leser, zu würdigen, als würde ich Dir einen persönlich gehaltenen Brief schreiben, habe ich mich für die Großschreibung von »Du« und der entsprechenden Pronomen entschieden.

Auf etliche besonders wichtige Gedanken wirst Du in diesem Buch mehr als einmal treffen. Die Wiederholung entspricht meiner Absicht, Dir das Wesentliche plausibel darzulegen und es Dir zu erleichtern, die Essenz gleichsam in Deinen Zellen zu verankern.

• • •

Obwohl eine gendergerechte Sprache wünschenswert ist, gibt es aus Sicht des Verlages bisher keine befriedigende, gut lesbare Lösung. Der leichteren Lesbarkeit zuliebe wurde deshalb oft auf die Doppelung männlicher und weiblicher Formen nach dem Muster »der ... oder die ...«, »er bzw. sie« usw. verzichtet. Selbstverständlich soll dann die übliche männliche Form auch den weiblichen Teil der Bevölkerung umfassen.

• • •

© MOMANDA GmbH, Rosenheim
Alle Rechte vorbehalten
1. Auflage 2018
Cover: Guter Punkt, München
Illustrationen: Reiner Bergmann
Zeichnung S. 19 u.a.: Momanda
Motive S. 14, 20, 30, 92: Adobe Stock
Fond S. 5 und 224: Shutterstock
Lektorat, Satz und Layout: Gitta Lingen
Gesamtherstellung: Bernhard Keller
Druck: CPI Moravia Books
ISBN 978-3-95628-026-9

»**E**ines Menschen höchstes Glück besteht darin, denen, die er liebt, Wohltaten zu erweisen. Die Liebe findet ihren natürlichsten und spontanen Ausdruck im Geben. Ein Individuum, das nichts zu geben hat, kann seinen Platz als Ehepartner oder Elternteil, als Bürger oder Mensch nicht ausfüllen. Erst durch den Gebrauch materieller Dinge erfährt eine Person ein volles Leben für ihren Körper, sie entwickelt ihren Geist und entfaltet ihre Seele. Es ist daher für jedes Individuum von höchster Bedeutung, reich zu sein.

Dein Verlangen nach Reichtum ist absolut in Ordnung. Wenn Du ein normaler Mensch bist, kannst Du gar nicht anders. Es ist absolut in Ordnung, dass Du Deine größte Aufmerksamkeit auf die Wissenschaft des Reichwerdens richtest, denn sie ist die edelste und notwendigste aller Studien. Wenn Du dieses Studium vernachlässigt, vernachlässigt Du Deine Pflicht gegenüber Dir selbst, gegenüber Gott und der Menschheit, denn Du kannst Gott und der Menschheit keinen größeren Dienst erweisen, als das Beste aus Dir zu machen.«

Wallace Wattles,
Die Wissenschaft des Reichwerdens

REICHTUMSBLAUPAUSE

INHALT

VORWORT

von Tom G. Murphy

Die Wahrheit ist: Jeder kann lehren. Aber ein Wort trennt die großartigen Lehrer vom Rest. Dieses Wort heißt: *Einfachheit.*

Jemand, der in der Lage ist, ein Thema zu wählen und es so weit zu vereinfachen, dass die Schüler augenblicklich die volle Bedeutung verstehen – davon gibt es nur einen unter einer Million.

Erlaube mir, Dir drei kurze Beispiele zu geben:

Ich begann meine Geschäftslaufbahn in der Immobilienbranche in Kalifornien. Für meine Firma arbeitete ein junger Mann, 19 Jahre alt, der mein Top-Verkäufer wurde. Er hatte keine Ahnung, warum er so gut war. Aber ich wusste es. Er hatte *»Die Gabe«:* das, was ich gerne *»Intelligente Einfachheit«* nenne. Ich hatte das Gefühl, dass sein Können auf jeden übertragbar sein müsste, der mit dem Verkauf von Immobilien ein höheres Einkommen erzielen wollte. Also baute ich eine Firma namens »Tom Hopkins Champions Unlimited« um ihn herum auf.

Innerhalb weniger Jahre waren wir der größte Anbieter von Verkaufstrainings für die Immobilienwirtschaft in den USA und Kanada. Warum ein so explosives Wachstum? Weil unsere Schüler seine Lehrinhalte auf Anhieb verstanden und sie sofort umsetzen konnten. Mein Partner Tom Hopkins sorgte für eine Lernerfahrung, die Spaß machte und einfach und leicht war. Er hatte *»Die Gabe«*, die jeder Lernende sucht.

Ein zweites Beispiel: Ich hörte einen Herrn bei einem Steuer-Seminar sprechen. Sein Name war Sandy Botkin und er war Wirtschaftsprüfer und Fachanwalt für Steuerrecht.
Das Steuerrecht der Vereinigten Staaten umfasst 72.000 Seiten sehr komplizierter Bestimmungen. Doch am Ende des Tages hatte ich

keine Ängste mehr vor der Steuergesetzgebung – ich verstand sie. Ich wusste: Auch Sandy hat »Die Gabe«! Nach dem Seminar sprach ich ihn an, ob er eine neue Firma gründen wolle, die den Steuerzahlern haufenweise Geld sparen würde.

Er war einverstanden, und innerhalb weniger Jahre sparten wir für Millionen von Geschäftsleuten Milliarden an Steuern. Er vereinfachte das Thema »Steuern« bis zu dem Punkt, an dem unsere Klienten mit ein paar Minuten pro Tag auf legale Weise all ihre steuerlichen Absetzungsmöglichkeiten voll ausschöpfen können.

Und ein drittes Beispiel: Vor zehn Jahren hatte ich die Gelegenheit, einen jungen Deutschen namens **Alexander Mark** zu treffen. Alexander war an einer Weiterbildungsfirma beteiligt, die ich beriet. Etwas an ihm fiel mir sofort sehr positiv auf.

Es war schwer, Alexander nicht zu bemerken, denn trotz seines jungen Alters und eines unüberhörbaren deutschen Akzents war er einer der Top-Führungskräfte an der Spitze der Firma. In meiner Zusammenarbeit mit Alexander wurde es für mich offensichtlich, dass auch er »Die Gabe« hatte: »Intelligente Einfachheit«. Alexander sorgte dafür, dass das Lernen für seine Schüler spannend war und Spaß machte. Und alle, die unter seiner Führung lernten, liebten seinen Stil und wurden selbst erfolgreich.

Als Alexander wieder nach Deutschland zurückkehrte, um bei seiner Familie sein zu können, arbeitete ich weiterhin sehr intensiv mit ihm zusammen, um ihn auf jede erdenkliche Weise bei seinen eigenen Projekten zu unterstützen, weil mein Glaube an ihn sehr groß war. Nach kurzer Zeit war er auch mit seinen eigenen Firmen erfolgreich.

Bis heute unterstütze und berate ich Alexander bei seinen vielfältigen Projekten auf jede erdenkliche Weise. Denn er ist ein wahrhaft begnadeter Lehrer, der auch Dich zum Erfolg führen kann.

Nutze die Chance, von und mit Alexander zu lernen – sonst würdest Du etwas Großartiges verpassen!

Tom G. Murphy
Los Angeles, CA, 21. Mai 2018

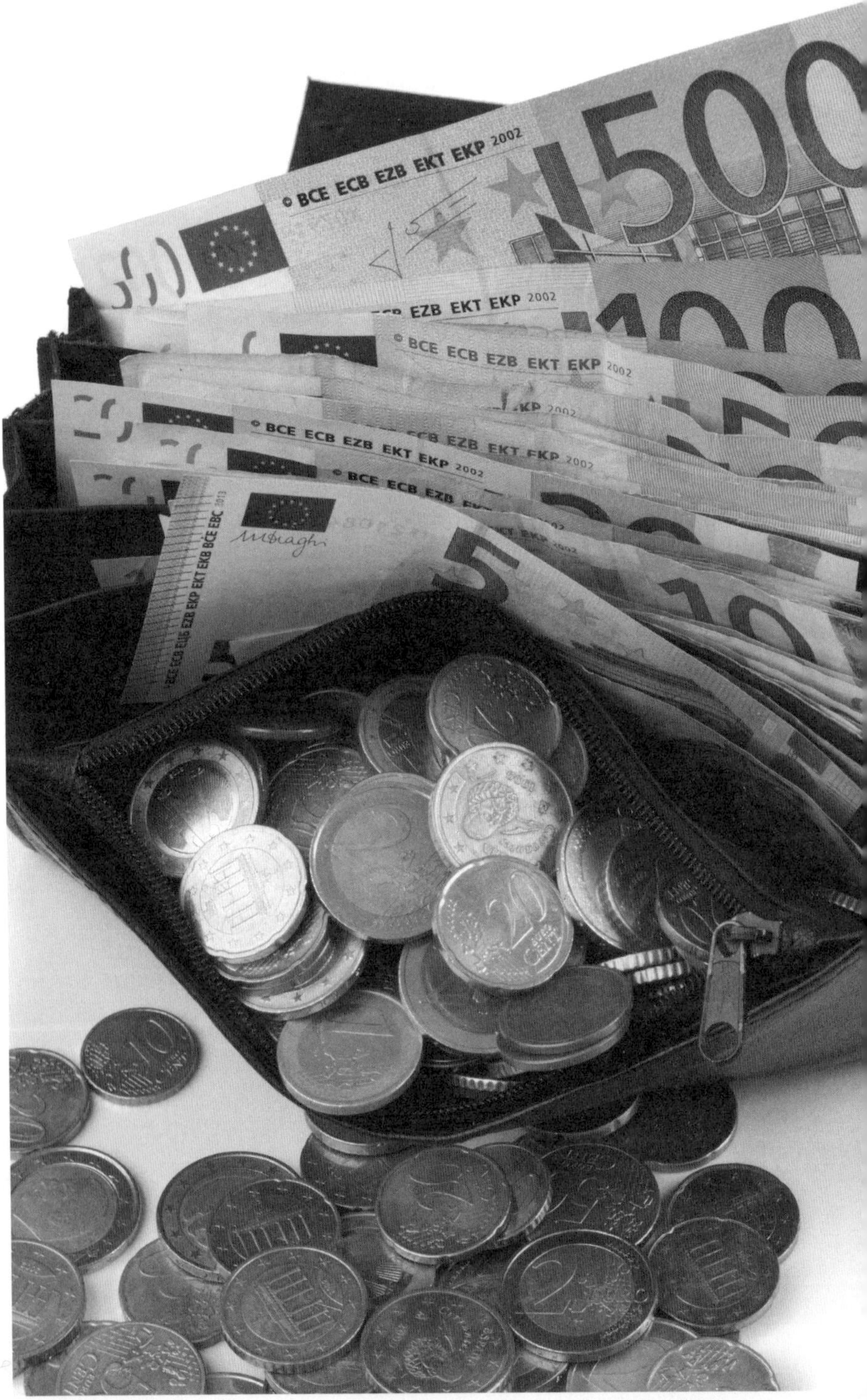
© BCE ECB EZB EKT EKP 2002
500

EINLEITUNG

Wenn Reichtum erst einmal beginnt zu fließen, dann kommt er so schnell und in so großen Mengen, dass man sich verwundert fragt, wo sich all der Reichtum während all der mageren Jahre nur versteckt hielt.«

Napoleon Hill

Stell Dir vor, wie Du in einem Raum mit vielen Deiner Freunde und Verwandten sitzt, aufstehst und an Dein Glas klopfst. Es wird ruhig, alle Augen sind auf Dich gerichtet. Du hast nun ihre komplette Aufmerksamkeit und beginnst mit Deiner kurzen Rede: Du gibst Deine Absicht kund, von jetzt an so richtig wohlhabend zu werden, und zwar so wohlhabend, dass Du genau das Leben führen kannst, das Du Dir wünschst.

Wie fühlt sich das an? Kannst Du es Dir in allen Einzelheiten vorstellen?

Für die meisten von uns wird sich das wahrscheinlich mehr oder weniger unangenehm anfühlen. Einige von uns hätten sich am liebsten wieder hingesetzt und mit einem Grinsen im Gesicht gesagt: »Hey Leute, das war nur ein Witz …!«

Allerdings …, Menschen, die wirklich wohlhabend sind, fühlen sich niemals unwohl, wenn es um das Thema »Geld« geht. Warum eigentlich?

Eine mögliche Antwort wäre: »Weil sie eben genug Geld haben.« Nein, knapp daneben! Menschen fühlen sich nicht deshalb mit dem Thema »Geld« wohl, weil sie welches haben, sondern sie haben es, weil sie sich damit wohlfühlen. Sie haben einen Zustand erreicht, den wir »*Reichtumsbewusstsein*« nennen. Daraus folgt: Wollen wir Geld wirklich »anziehen«, müssen wir beginnen, selber Reichtumsbewusstsein zu entwickeln.

Dieses Buch wird Dich dabei begleiten, ein völlig neues Bewusstsein aufzubauen. Zu Beginn werden wir über 9 Mythen sprechen, die noch immer unsere Vorstellung von Geld beeinflussen. Dann gelangen wir zu den Hacks, und zum Schluss entdeckst Du die 7 Schlüssel, die Dich zu einem neuen Bewusstsein führen: zu Deinem neuen Reichtumsbewusstsein.

Ich möchte in Dir viele Einsichten wecken, die bereits in Dir verborgen liegen, zum Beispiel indem ich fortlaufend *Ideen des Wohlstands wiederhole*. Und zwar so lange, bis Du ein klares Bild Deiner wirklichen Größe und Deines Wohlstands dauerhaft in Dir verankert hast. Dieses Bild schlummert bereits in Dir, ganz unabhängig davon, ob es Dir bewusst ist oder nicht.

Es mag zwar verführerisch sein, direkt mit dem letzten Kapitel, den 7 Schlüsseln, zu beginnen, aber dies wird in Dir wahrscheinlich kein Reichtumsbewusstsein freilegen. Daher empfehle ich Dir, mit den Mythen zu beginnen und das Buch von vorne bis hinten durchzuarbeiten. Auch wenn Du ungeduldig bist, lass Dir bei Deiner inneren Metamorphose Zeit, denn dieses Buch wird den in Dir schlummernden Wohlstand, der Dir wie jedem Menschen zusteht, freilegen.

Viele sprechen über Geld als eine Form von Energie, als ein Prinzip von … Ich weiß nicht, wie es Dir dabei geht. Mir persönlich ist das zu unklar, zu ungenau, zu »wischiwaschi«.

Ursprünglich bin ich Paartherapeut. Ich verstehe nichts von abstrakten »Energien« oder »Prinzipien«; damit kann ich nicht arbeiten. Aber auf Beziehungen habe ich einen Einfluss. Und als Beziehungsexperte behaupte ich: Wenn Dein finanzielles Leben nicht so ist, wie Du es Dir wünschst, hast Du ein Beziehungsproblem! Ein Beziehungsproblem mit dem Geld.

Falls Du es lösen willst, musst Du zweierlei begreifen: erstens Dich selbst und zweitens den Beziehungspartner. Damit Du Geld besser verstehst, werde ich darüber so sprechen, als wäre Geld eine Person. Das nennt man »allegorisch«. Eine Allegorie ist die Personifizierung eines abstrakten Prinzips. Somit kannst Du das Prinzip durchschauen und sogar eine gute, gesunde Beziehung aufbauen.

So wie Du und ich hat auch das Geld verschiedene Facetten – wie alles, was schillernd ist. Deshalb werden sich die Allegorien im Lauf des Buches verändern, ohne dass es einen Widerspruch ergäbe; es sind einfach unterschiedliche Facetten.

Zu Beginn möchte ich Dir folgende wichtige Allegorie geben: Jedes Mal, wenn Du an Geld denkst, solltest Du das Geld als Deinen gehorsamen und gewissenhaften Diener ansehen.

Du bist der Herr/die Herrin, und Geld ist Dein Diener.

Diese Gleichung darfst Du niemals vertauschen, sonst wirst Du Dich in großen Problemen wiederfinden! Diesen gehorsamen und gewissenhaften Diener kannst Du einsetzen, damit er Dir einen Dienst leistet, der weit jenseits Deiner eigenen persönlichen Präsenz und Kompetenz liegt.

Nutze Geld, den gehorsamen Diener, um anderen Menschen Gutes zu tun; um Dienste wertzuschätzen, die andere Dir leisten; um anderen Freude zu bereiten.

Niemals solltest Du das Geld lieben.

***Liebe* Menschen und *benutze* das Geld!**

Leider verwechseln viele Menschen dieses grundlegende Gesetz. Sie lieben das Geld, aber benutzen die Menschen. Das ist ein absoluter Verstoß gegen das Gesetz für finanziellen Erfolg. Du solltest immer Menschen lieben und Geld benutzen, nicht umgekehrt!

Teil 1:

Die 9 Mythen
über Geld und Reichtum

1. Geld macht nicht glücklich
━━ ━━ ━━

Schlagen wir die bunten Seiten der Boulevardblätter auf, springt uns das Mantra »Geld macht nicht glücklich« direkt an. Dieser Satz wird uns immer wieder eingehämmert. Sind doch all die Schönen und Reichen irgendwie unglücklich, obwohl sie doch so viel Geld haben und sich alles leisten können, was das Herz begehrt.

Welch ein Unsinn! Glück und Zufriedenheit sind keine Ziele, die wir mit Geld erreichen können. Glück und Zufriedenheit sind Lebensumstände, die jeder denkende Mensch haben will und auch haben kann. Geld ist nicht dafür da, uns glücklich zu machen. Es ermöglicht uns lediglich ein bequemeres Leben sowie einen großzügigeren Umgang mit anderen Menschen, und zuweilen kann es Probleme lösen. In dieser Funktion lässt sich Geld durch nichts anderes ersetzen.

Es ist also erstrebenswert, möglichst viel Geld zu haben. Aber ein durch finanzielles Vermögen erleichterter Lebensstil garantiert nicht, dass wir auch glücklich sind. Glück und Zufriedenheit sind das Ergebnis eines höheren Bewusstseins. Um all das, was Dich beglückt, genießen zu können, brauchst Du ein höheres Bewusstsein. Darüber hinaus benötigst Du dieses Bewusstsein, um hinter all dem, was in Deinem Leben nicht so gut läuft, einen Sinn zu erkennen. Denn dann bist Du nicht mehr von den äußeren Umständen abhängig, sondern unweigerlich glücklicher. Das kannst Du Dir nicht mit Geld kaufen, Du kannst es nur mit Bewusstsein erlangen.

2. Menschen mit viel Geld haben einfach Glück gehabt
━━ ━━ ━━

Ein anderer Mythos, den wir hier ein für alle Mal aus der Welt schaffen werden, lautet, Geld komme nur als Resultat von Glück oder einem guten Schicksal zu uns. Wie oft unterhalten sich Menschen über einen anderen, der finanziell erfolgreich geworden ist? Meist kommen sie zu dem Ergebnis, dass dieser Mensch eben Glück hatte, oder sie sagen etwas wie: »Er war halt zur richtigen Zeit am richtigen Ort.« Natürlich spielt Glück eine Rolle für finanziellen Erfolg, aber alleine reicht es niemals aus.

In diesem Leben gibt es keine Freifahrkarten – oder wie Napoleon Hill (1883–1970) es ausdrückte:

»**E**ine Wirklichkeit, in der es etwas für nichts gibt, existiert nicht.«

Ein gutes Schicksal und Glück sind Faktoren für finanziellen Erfolg, jedoch müssen sie immer wieder gepaart werden mit Anstrengung sowie Arbeit, um dieses Geld auch tatsächlich zu »verdienen«. Und wenn Du einmal wirklich Glück hast, dann arbeite mit dem Glück und gehe achtsam damit um.

3. Geld ist nicht wichtig

Das ist ein weiterer, weit verbreiteter Glaubenssatz von Menschen, die nur sehr wenig oder gar kein Geld haben, und zwar um ihr mageres Leben zu rechtfertigen. Die Wahrheit heißt jedoch: Reichtum ist die Manifestation von großen, aufregenden und wertschöpfenden Zielen! Es gibt keine Tugend in der Armut und keine Sünde in großem Reichtum.

Sind wir ehrlich, dann können wir behaupten, dass materielle Ziele ganz wunderbare Ziele sind. Und ganz wichtig: Jeder von uns wurde mit den mentalen Werkzeugen geboren, Luxus zu erwerben.

Je angenehmer Dein Leben ist, desto kreativer wirst Du sein. Je wohlhabender Du bist, desto mehr Annehmlichkeiten kannst Du Dir leisten. Du wirst dann nicht mehr darauf angewiesen sein, Deine wertvolle Zeit oder Deine großartigen mentalen Werkzeuge für die überlebensnotwendigen Grundbedürfnisse einsetzen zu müssen. Du erschaffst Dir dadurch Freiraum, um fantastische, innovative Ideen entwickeln und ausführen zu können, von denen Tausende anderer Menschen profitieren, die bisher noch nicht das Bewusstsein haben, das Du entwickelt hast. Deshalb ist Geld sehr wohl wichtig, denn in den Lebensbereichen, in denen Geld heute eingesetzt wird, ist es unverzichtbar.

4.   Geld muss man sparen

Ein vierter Mythos, der in den westlichen Ländern sehr oft und gerne gepflegt wird: Geld sollte gleichsam »gehortet« werden. Stattdessen gilt jedoch: Geld ist nur so lange wertvoll, wie es auch genutzt wird. Sobald das Geld aus der Zirkulation genommen wird, ist es wertlos. Und nachdem es dem Zyklus wieder zugeführt wurde, wird es erneut wertvoll.

Meine Kinder lernen das gerade. Sie haben ein bestimmtes Sparsystem. Unter anderem haben sie eine Spardose für die Erfüllung kleiner Wünsche. Sobald sie genug Euro beisammen haben, kaufen sie sich das ersehnte Spielzeug. Der Spielwarenhändler entlohnt mit diesem Geld seine Mitarbeiter, diese wiederum können von ihrem Gehalt zum Beispiel ihre Nahrung kaufen, der Lebensmittelhändler kann wieder neue Ware erwerben, sodass die betreffenden Produzenten wiederum ihre Teams bezahlen können usw. Es ist hilfreich, sich diesen Kreislauf regelmäßig bewusst zu machen – sooft Du Geld bekommst und Geld ausgibst.

Aber Achtung: Ich sage nicht, dass das Geld verschwendet werden soll! Geld zirkulieren zu lassen ist nicht dasselbe wie Geld zu verplempern. Diesen Unterschied gilt es wirklich zu verinnerlichen.

Viele verwechseln Sparen mit Investieren. Deponiert man das Geld auf einem Sparkonto, hat man es aus dem Kreislauf genommen. Es liegt sozusagen auf der »faulen Haut« und kann niemandem dienen. Wird es dagegen zum Beispiel in eine Aktie investiert, kann es für die betreffende Firma arbeiten. Als Lohn für diese Arbeit bringt es Rendite ein. Verwechsle also nie Sparen mit Investieren!

5.   Für Geld muss man hart arbeiten

— — —

Ich bin mit der Idee aufgewachsen, wenn ich Geld verdienen wolle, müsse ich hart dafür arbeiten. Ist Dir dieser Gedanke ebenfalls bekannt? Napoleon Hill, der zwanzig Jahre lang die 500 erfolgreichsten und reichsten Menschen seiner Zeit untersuchte, hatte dazu einen sehr interessanten Gedanken:

»**A**lles, was Du brauchst, ist eine einzige gute Idee, um den Erfolg zu erreichen, den Du suchst.«

In einem bestimmten Bewusstseinszustand ist Reichtum alles andere als anstrengende, harte Arbeit. Napoleon Hill drückte es wörtlich so aus:

»**W**enn Du einer von den Menschen bist, die glauben, dass harte Arbeit und Ehrlichkeit alleine Dir Reichtum bringen werden, dann solltest Du diesen Gedanken sterben lassen, denn er ist nicht wahr. Reichtum, wenn er kommt, wenn er in großen Mengen kommt, ist niemals das Resultat von harter Arbeit.«

Reichtum kommt als Antwort auf ein klar definiertes Verlangen und nicht durch Zufall oder Glück. In diesem Buch sprechen wir über präzise Prinzipien. Deine Aufgabe ist es, sie richtig anzuwenden, um reich zu werden. Und das zu tun, lohnt sich wirklich …

6.   Jeder wird gerecht bezahlt

— — —

Meine Frau stammt von einem schönen kleinen Bauernhof im Schwarzwald. Als Kind dachte sie oft, ihr Vater müsste viel besser bezahlt werden, weil er enorm hart arbeitete.

So ist in unserem kollektiven Gerechtigkeitsbewusstsein eine tiefe Empörung gespeichert, die besagt, es sei ungerecht, dass ausgerechnet die Menschen, die so schwer arbeiten, am wenigsten verdienen. Doch um zu verstehen, wonach sich die Bezahlung von Arbeit in Wahrheit richtet, schauen wir uns das Gesetz der Kompensation an, das Earl Nightingale (1921–1989) in den 1960er-Jahren formulierte.

Das Gesetz der Kompensation

Unter »Kompensation« versteht man den Ausgleich von etwas – zum Beispiel das Anbieten einer Dienstleistung – durch finanzielle Entschädigung. Das Gesetz der Kompensation basiert auf drei sehr einfachen Faktoren:

Die Summe des Geldes, die man verdienen kann, hängt immer ab von …

1. **dem Bedarf für das, was man tut;**
2. **der Fähigkeit, diesen Bedarf zu befriedigen;**
3. **der Schwierigkeit, ersetzt werden zu können.**

Vorab gesagt: Man kann natürlich nur mit etwas Geld verdienen, für das es einen tatsächlichen Bedarf gibt. Indem man kontinuierlich seine Fähigkeit optimiert, diesen Bedarf besser als alle anderen zu befriedigen, wird man immer schwerer ersetzbar – und im Gegenzug immer besser honoriert.

Solange Du in einem Beruf arbeitest, in dem viele genau das Gleiche wie Du anbieten, wirst Du ziemlich leicht ersetzbar sein. Doch sobald Du ein bisschen außerhalb des Mainstreams denkst und agierst, steigt Deine Chance, einen entsprechenden Bedarf zu finden, den nur Du in dieser Weise decken kannst. Und wenn Du das sehr gut machst, wirst Du auch sehr gut dafür bezahlt werden.

7.   Reiche sind schlechte Menschen
▬ ▬ ▬

Vielleicht wurde Dir schon als Kind eingeredet, jemand, der zu Geld gekommen ist, habe es auf unehrliche Weise erworben, zum Beispiel indem er andere übervorteilt hat. Nun, das wäre dann ein Räuber. Und Räuber taugen tatsächlich nicht als gute Vorbilder.

Doch wahrhaft reiche Menschen haben anderen wirklich gedient! Und davon gibt es viele – viele Menschen, die sich aus eigener Kraft aus der Armut heraus befreit haben und zu Reichtum gelangt sind. Sie haben bestimmte Gesetzmäßigkeiten beachtet und angewandt. Und sie haben große Opfer dafür erbracht. Doch sie gehen damit nicht hausieren, denn dafür sind sie sich viel zu fein. Auch mussten sie viel zu oft die Erfahrung machen, wegen ihres erarbeiteten Wohlstandes missgünstig und neidisch behandelt zu werden. Nicht selten wurden sie ausgelacht, wenn sie versuchten, Freunden oder nahestehenden Personen die Prinzipien zu vermitteln, die sie selbst erfolgreich angewandt haben.

Kurzum, die meisten reichen Menschen sorgen dafür, dass sie nicht besonders auffallen. Aber auch Du wirst auf Deinem Weg zum Reichtum feststellen, dass Du früher oder später Mentoren finden wirst, die Dir, wenn Du es wirklich ernst meinst, hilfreich zur Seite stehen werden. Ja, zugegeben, es gibt auch reiche Menschen, die wir gemäß ethischen Maßstäben als »schlecht« bezeichnen. Sie fallen viel mehr auf als die »guten« reichen Menschen. Und das bringt uns zum nächsten Mythos.

8.   Geld verdirbt den Charakter
▬ ▬ ▬

In den 1980er-Jahren wurde eine beliebte Fernsehserie namens »Dallas« ausgestrahlt: Es ging um einen Familienclan in Texas, der durch Öl sehr reich geworden war. Die Charaktere waren entweder abgrundtief böse, alkoholabhängig oder andersartig neurotisch. Das spiegelt ganz gut wider, wie der achte Mythos am Leben gehalten wird: Reiche sind schlechte Menschen. Vielleicht werden sogar solche Serien gedreht, um uns, dem »einfachen« Volk, einreden zu können, dass es schon in Ordnung sei, zur Mittelklasse zu zählen, solange man ein »guter« Mensch ist.

Vielleicht ist Dir das ein Trost – was ich allerdings nicht glaube, da Du immerhin dieses Buch in den Händen hältst. Nachdem Du offenbar die Entscheidung getroffen hast, reich sein zu wollen, solltest Du wissen, dass Du auch als reicher Mensch gut sein kannst. Und als guter Mensch reich.

Die Wahrheit über Geld und Charakter ist ganz simpel: Geld ist wie eine Lupe, ein Vergrößerungsglas: Wer ohnehin zu einem »schlechten« Charakter tendiert, wird ihn durch Geld noch mehr vermiesen; Menschen mit neurotischen Neigungen können diese mithilfe ihres Geldes noch viel besser ausleben. Doch Menschen mit ethischen Leitlinien und »gutem« Charakter werden durch Geld tatsächlich noch »bessere« Menschen. Wer hilfsbereit ist, wird durch Geld noch hilfsbereiter. Wahrhaft spirituelle Menschen können ihre Spiritualität mit Geld noch besser leben. Was für ein Mensch bist *Du?*

9. Reich zu sein ist eine Sünde

Lass uns die Reihe der Mythen mit einer Provokation von George Bernard Shaw beenden:

»**E**s ist eine Sünde, arm zu sein!«

Als ich diesen Satz das erste Mal von meinem persönlichen Mentor Bob Proctor hörte, verschlug es mir fast die Sprache. Denn das Paradigma, mit dem ich aufgewachsen bin, behauptete genau das Gegenteil: Reich zu sein sei eine Sünde.

Als Sünde verstehen wir die Überschreitung des göttlichen Gesetzes. Und das göttliche Gesetz sagt: »Gib – und Dir wird gegeben.« Mit anderen Worten: Leiste einen Dienst, und Du erhältst dafür

Geld. Geld ist die Belohnung, die man bekommt, weil man einen Dienst geleistet – also gedient – hat. Sünde wäre, nichts zu geben. Oder auch weniger zu geben, als in Deinen Möglichkeiten liegt.

Unsere Aufgabe ist es nun, damit aufzuhören, gegen das Gesetz zu verstoßen. Je größer wir wachsen, desto mehr können wir geben und desto mehr Geld wird auch wieder zu uns kommen. Dann erfahren wir Reichtum.

Teil 2:

Die Hacks

Ein Hack ist ein intelligenter Kniff, durch den angestrebte Ziele auf eine *ungewöhnliche*, nicht-lineare Weise schneller erreicht werden als auf dem gewöhnlichen Standardweg.

Alexander Mark

Wir alle sehnen uns nach *der* Abkürzung. Dem kurzen, schnellen, mühelosen Weg, der uns all das beschert, wonach wir uns schon so lange in den tiefsten Tiefen unseres Herzens sehnen. Und so gerne würde ich Dir jetzt sagen: »Ja, es gibt sie, die Abkürzung. Du musst nur bei Vollmond ›Itzlibuuh‹ rufen, und alles wird gut …«

Doch so einfach ist es leider nicht. Und das weißt Du auch. Andererseits: So schwer, wie es sich die meisten machen, ist es auch nicht. Oder anders gesagt: Du musst *das Richtige auf eine ganz bestimmte Weise* tun. *Was* das Richtige ist und *auf welche Weise* Du es tun musst – das verraten Dir jetzt die 24 Hacks.

Bei den 24 Hacks arbeite ich mit einer Metapher: Stell dir einmal Geld als eine reale Person vor, als eine ganz besondere Persönlichkeit, und zwar als eine elegante, grandiose und flamboyante Diva, die – sehr zu unserem Leidwesen – auch äußerst launisch sein kann. Ich nenne sie »Lady Pecunia«. Alles, was Du tust (oder nicht tust!), wird von dieser Grande Dame in extremem Maße mit übertrieben scheinenden Reaktionen quittiert.

Lady Pecunia ist nicht höflich. Sie ist nicht zurückhaltend. Sie ist extrem. Wenn Du sie ein kleines bisschen ärgerst, reagiert sie sehr beleidigt. Wenn Du ihr ein kleines bisschen schmeichelst, ist ihr das nicht genug. Sie will Deine *ganze* Aufmerksamkeit. Immer. Ausschließlich. Und zwar in der richtigen Weise. Und die Maßstäbe, was »richtig« ist (und was nicht), setzt *sie*. Ja, Lady Pecunia, die Geld-Diva, ist extrem.

Die folgenden 24 Hacks sind wie eine Anleitung, die Dir hilft, erstens den Umgang mit dieser unberechenbar scheinenden Dame berechenbarer zu machen, und zweitens eine Beziehung zu dieser Lady aufzubauen, die Dich reich machen kann.

Ich glaube übrigens, dass es ein großer Fehler war, keine Personen mehr auf den Geldscheinen abzubilden. Ich erinnere mich an meine Kindheit: Damals hatten wir Geldscheine mit den Porträts reicher Kaufmänner in all ihrer Pracht; da konnte man sich in der Tat vorstellen, dass Geld eine mächtige Person ist. Stell Dir die Geldscheine vor, als wäre darauf eine Diva abgebildet, vielleicht Madonna oder Marlene Dietrich! Und wenn Du Dir lieber eine männliche Diva vorstellen willst: Wie wär's mit Karl Lagerfeld?

Im Grund genommen zeigen Dir die 24 Hacks, wie Du das Geld in Dein Leben lockst. Ja, Du liest richtig: locken, anlocken! Es geht darum, Lady Pecunia anzulocken. Dieses Buch entschlüsselt Dir das bisher verborgene Geheimnis: »Wie locke ich das Geld so an, dass es gerne zu mir kommt – und vor allem gerne bei mir bleibt?!«

Stell Dir die Hacks vor wie die verschiedenen Facetten eines geschliffenen Diamanten (Lady Pecunia liebt übrigens Diamanten!). Der härteste Stein, den wir kennen, wird mit zahlreichen Facetten versehen: Sie sind an unterschiedlichen Stellen angesetzt, sodass der Stein im Licht magisch funkelt. Auf den ersten Blick mag es Widersprüchlichkeiten geben. Doch wir tun hier nichts Geringeres, als Dein Reichtumsbewusstsein mit vielen Facetten zu versehen: auf der einen Seite die Verwegenheit, das Tempo, auf einer anderen Seite die gründliche Planung; auf einer Seite das Rebellische, zugleich auf einer anderen Seite die Disziplin. Du brauchst all diese Facetten, obwohl sie zum Teil im Widerspruch zueinander stehen. Erst durch dieses Gegenüberliegende gewinnt der Stein sein wunderbares Funkeln. Doch jede einzelne Facette ist wichtig. Je mehr es Dir gelingt, jede einzelne Facette zu integrieren und mit der Widersprüchlichkeit zu leben, desto facettenreicher wird Dein neues Reichtumsbewusstsein.

Gib nicht auf, falls es Dir nicht immer gelingt, alle gleichzeitig zu integrieren! Es ist wie beim Tanzen: Zuerst mühst Du Dich ab, um überhaupt die einzelnen Schritte zu lernen, und kommst kaum mit dem Rhythmus mit. Und Du lächelst nicht. Stattdessen trittst Du Deiner Partnerin oder Deinem Partner auf die Füße. Doch irgendwann integrierst Du eine Fertigkeit nach der anderen – bis Du mit einer Leichtigkeit, die zumindest an Fred Astaire erinnert, alles gleichzeitig beherrschst, ohne darüber nachdenken zu müssen.

Vieles hängt vom richtigen Timing ab. Alles zu seiner Zeit – und manchmal sogar gleichzeitig. Und dann entdeckst Du: Auch Piraten und Rebellen haben – auf ihre Weise – Disziplin.

Vielleicht hast Du die eine oder andere Facette schon eingeschliffen. Ich kenne viele Menschen, die bereits sehr diszipliniert sind, denen es bloß an Mut fehlt, Neues zu wagen. Andererseits gibt es Menschen, die sehr wagemutig sind, denen es aber an Disziplin mangelt. *Alle* Facetten sind erforderlich! Keine ist wichtiger oder besser als die andere. Erst die Summe der geschliffenen, an unterschiedlichen Stellen angesetzten Facetten bringt Dich wirklich zum Funkeln. Je besser es Dir gelingt, die einzelnen Facetten zu integrieren und mit der Widersprüchlichkeit zu leben, desto facettenreicher wird Dein neues Reichtumsbewusstsein.

- -

1. DER ORGANISATOREN-HACK

Lady Pecunia mag Organisatoren und organisierte Umgebungen.

Untersuchen wir Gemeinsamkeiten sehr reicher Menschen – hier denke ich an Selfmade-Milliardäre wie Andrew Carnegie, die Albrecht-Brüder (ALDI), Steve Jobs, Mark Zuckerberg (Facebook), Jeff Bezos (Amazon) oder die Disney-Brüder –, bestätigt dies unsere Beobachtung: Sie alle sind Organisatoren, das heißt, sie organisieren Umgebungen, in denen Geld zustande kommt und sich multipliziert.

Die Branche, in der Du aktiv bist, ist unwichtig. In jeder Branche müssen Menschen, bestimmte Aktivitäten oder auch Arbeitsabläufe gut organisiert werden. Hier liegt nun Deine Aufgabe darin, zu überlegen, wo Du eigenständig etwas organisieren kannst. Statt nur an Projekten mitzuwirken, die von anderen geleitet werden, nimm ein Projekt selbst in die Hand. Denn Geld fließt zu den Menschen, die Abläufe organisieren, und nicht zu denen, die nur mitlaufen.

Wer Eigentümer*in eines Unternehmens ist, muss allerdings etwas Wichtiges beachten: Ohne seine/ihre direkte Mitwirkung wird sich in der Firma alles entweder selber so organisieren, dass es mit den Zielen des Unternehmers *nicht* kongruent sein wird, oder noch schlimmer, es wird alles in ein totales Chaos ausarten.

Lady Pecunia liebt diejenigen, die sich selbst organisieren. Und sie liebt auch jene, die andere Leute, Orte und Aktivitäten organisieren.

----

2. DER KLARHEITS-HACK

**Lady Pecunia liebt Klarheit,
aber viele Menschen sind völlig verwirrt.**

Lady Pecunia liebt Transparenz, Geld liebt Klarheit. Leider sind viele Menschen in den wichtigsten Bereichen ihres Lebens vollkommen unklar, oft sogar regelrecht konfus. Doch wenn Du im Lebensbereich »Business« unklar bist, straft Dich die Lady gnadenlos ab. Deshalb solltest Du diese 6 Arten von Klarheit unbedingt beachten:

1. **Persönliche Transparenz:**
   Wer sind wir und worum geht es uns?

2. **Transparenz unserer Ziele:**
   Wohin wollen wir, was wollen wir erreichen?
   (Ein klar definierter Zweck dessen, was wir tun.)

3. **Publikums- bzw. Markttransparenz:**
   Wer sind unsere perfekten Kunden und Kundinnen
   und wo finden wir sie?

4. **Transparenz der eigenen Aussage:**
   Was ist die ultimative Veränderung, die wir unseren
   Kunden anbieten? Welche ultimative Veränderung erreicht
   jemand dadurch, dass er mit uns arbeitet?

5. **Transparenz der Methode:**
   Wie sind die Geschäftsabläufe und wie verhalten wir uns?

6. **Transparenz in Geschäftsbeziehungen:**
   Mit wem lassen wir uns geschäftlich ein (und mit wem
   nicht)?

Interessanterweise wählen reiche Menschen sehr bewusst, ob und
mit wem sie sich unterhalten und zu wem sie eine Verbindung aufbauen. Reiche Menschen kümmern sich nicht um den meist viel
größeren Teil der Bevölkerung, für den sie vielleicht uninteressant
oder unsympathisch sind oder von dem sie missverstanden werden,
sondern sie achten sehr genau auf ihren Energiehaushalt.

Oft investieren wir einen großen Teil unserer Energie, um von
Menschen gemocht zu werden, deren Zuneigung in Wirklichkeit
gar nicht so wichtig wäre, oder von eventuellen Kunden verstanden
zu werden, die sowieso nicht ideal für uns wären oder die niemals
zu unserer Kundschaft gehören werden. Daher solltest Du Dir im
Klaren sein, wen genau Du erreichen möchtest.

Die wichtigsten Fakten zusammengefasst:
Lady Pecunia stört sich an Undurchsichtigkeit und Wahllosigkeit.
Sie benötigt ein stabiles Zuhause. Solange wir uns unserer Ziele unsicher sind, werden wir Schwierigkeiten mit Geld haben. Die Undurchsichtigkeit bezieht sich sowohl darauf, was wir nicht wollen,
als auch auf das, was wir wollen.

3.   DER KONGRUENZ-HACK

**Lady Pecunia verlangt, dass Verhalten
und Ziel zusammenpassen.**

Lady Pecunia verlangt Kongruenz. Dieser Begriff – lat. *congruens* –
wird in der Geometrie verwendet und bedeutet »übereinstimmend«,
»passend« oder auch »deckungsgleich«. Man sagt, zwei geometri-
sche Figuren sind zueinander kongruent, wenn sie durch Spiegelung
oder Verschiebung deckungsgleich sind.

Ein weit verbreiteter Mythos über Erfolg besagt, dass er sehr schwer
zu haben sei. Aber es ist überhaupt nicht schwer, die meisten Ziele
zu erreichen und somit zum Erfolg zu gelangen! Denn in den meisten Fällen wissen wir bereits genug oder können uns das benötigte
Wissen einfach aneignen. Zumeist haben wir bereits die Ressourcen, um zumindest beginnen zu können. Und das ist der wichtigste
Punkt: Für den Anfang haben wir bereits alle notwendigen Ressourcen, und mehr braucht es zu Beginn nicht. Alles andere kommt
unterwegs.

Wenn Du ernsthaft beginnst und, wie Henry David Thoreau
(1817–1862) es ausdrückt, Dich vertrauensvoll in die Richtung
Deines Ziels bewegst, kommen unterwegs alle weiteren erforderlichen Mittel und Fähigkeiten zu dir.

Die meisten Menschen erreichen ihr Ziel nicht, weil sie sich erst
gar nicht die Mühe machen, in einem analytischen Denkprozess
all ihre Gedanken, Handlungen und Gewohnheiten, die derzeitig
nicht mit ihrem Ziel kompatibel sind, zu identifizieren und zu notieren. Außerdem fällt es ihnen schwer, klar zu definieren, welche
Gedanken, Handlungen und Gewohnheiten sie bräuchten, um
mit ihrem Ziel kongruent zu sein. Die meisten Menschen denken
überhaupt nicht darüber nach, wie sie ihre Kongruenz maximieren
könnten. Und dies ist sehr inkongruent und törnt Lady Pecunia
leider ab.

Sobald wir uns ein Ziel gesetzt haben – egal, ob es ein wirtschaftliches, finanzielles, unternehmerisches oder ein komplett anderes Ziel ist –, muss jede einzelne unserer Entscheidungen, Handlungen und Investitionen sowie jeder Gedanke und jedes Verhalten mit dem Ziel übereinstimmen, also in Kongruenz sein.

Dieser dritte Hack ist sehr wichtig. Erfolg ist die Folge dessen, was wir denken, fühlen, tun! Das Problem von Menschen, die vergeblich nach Erfolg trachten, ist ihre mangelnde Kongruenz hinsichtlich ihres Ziels. Die Kongruenz hat Einfluss auf alle Aspekte des Unternehmens, wie Du es führst und wie Du Dir Deine Zeit einteilst.

- -

4.   DER DAGOBERT-DUCK-HACK

Lady Pecunia besteht darauf, dass jeder Aspekt des Unternehmens ernst genommen wird.
Sie duldet keine Widerstände oder Missachtungen dem Programm gegenüber und erwartet einen starken Sinn für Dringlichkeit.

Die Geld-Diva kann es überhaupt nicht leiden, wenn Du Dein Unternehmen nicht ernst nimmst. Um wachsen zu können, um Dein Projekt in eine Richtung zu erweitern, die jenseits dessen ist, was Du derzeitig machst, ist es erforderlich, dass Du wirklich alles ernst nimmst, was Du tust. (Sogar dann, wenn Du Angestellter in einem Job bist, den Du eigentlich nicht magst!)

Wenn Du also nicht jedem Aspekt Deines Unternehmens Deine ungeteilte Aufmerksamkeit widmest, gehen bei Lady Pecunia die Alarmglocken an. Eine halbherzige Herangehensweise an Dein Unternehmen signalisiert ihr, dass auch sonst niemand Deine Ambitionen respektieren muss und für voll zu nehmen braucht. Lady Pecunia belohnt nur sehr selten einen ängstlichen Schwächling, schüchternen Anführer, überaus Einfühlsamen sowie übermäßig

Geduldigen. Doch diejenigen mit ernsten und ambitionierten Absichten werden von ihr belohnt.

Merke: Die Dinge ernst zu nehmen bedeutet nicht zwingend, dass man immer alles richtig machen wird. Im Gegenteil. Auf dem Weg zum Reichtum werden Fehler passieren. Aber das macht nichts, denn durch Fehler wird man klüger. Sooft Du einen Fehler machst, solltest Du daraus lernen, denn er ist eine Investition. Solltest Du nicht die richtigen Konsequenzen ziehen, ist er eine Fehlinvestition – was Lady Pecunia wiederum nicht mag.

Sie selber nimmt sich sehr ernst. Und sie will von anderen ebenfalls ernst genommen werden. Geld ist eine ernste Angelegenheit. Geschäfte sind ernst. Das Leben ist ernst. Und wenn Du das nicht ernst nimmst, bestiehlst Du Dich selbst, und andere werden Dich immer wieder übers Ohr hauen.

Dazu eine kleine Anekdote:
Ein großer schwäbischer Unternehmer geht über den Hof seiner Fabrik, begleitet vom Hausmeister. Plötzlich bückt er sich, zeigt seinem Mitarbeiter einen kleinen Gegenstand und fragt: »Was ist denn das?«
»Eine Büroklammer, Herr Generaldirektor«, antwortet der Hausmeister.
»Falsch, das ist mein Geld!«

Diese Geschichte könnte von Dagobert Duck stammen. In den Augen von Lady Pecunia sieht es folgendermaßen aus: Sobald ein Mitarbeiter eines Unternehmens nicht alle erforderlichen Anstrengungen unternimmt, um das Unternehmen nach vorne zu bringen, bestiehlt er den Inhaber des Unternehmens.

Wenn Du Dein Geschäft nicht ernst nimmst, bestiehlst Du Dich im Grunde selbst, weil Du Dein volles Potenzial nicht ausschöpfst. Falls Du nur faulenzen willst – kein Problem. Aber wenn Du Unternehmer bist, um Geld zu verdienen, dann wird von Dir erwartet, dass Du dies mit vollem Einsatz tust.

5. DER MAFIA-HACK

**Riesige Mengen Geld entgleiten,
wenn es keine Abläufe gibt.**

In Hack Nummer 5, dem Mafia-Hack, möchte ich absolut nicht das organisierte Verbrechen romantisch verklären. Schauen wir es uns aber dennoch genauer an, können wir daraus etwas lernen. Denn erfolgreiche Verbrechenssyndikate sind in ihren Standardabläufen »mustergültig« organisiert. Daher funktionieren sie selbst dann, wenn die Bosse verurteilt wurden und im Gefängnis sitzen. Sie haben längst unsere reguläre Wirtschaft infiltriert.

Das meiste Geld, welches beständig fließt, kommt aus regelmäßigen Abläufen. Geld wird dort generiert, wo Prozesse stattfinden.

Das Wort »Prozess« stammt aus dem Lateinischen: *procedere,* das heißt »voranschreiten«. Wenn wir vorsichtig den Vorhang heben und schauen, was sich dahinter verbirgt, werden wir sehen, dass erfolgreiche, reiche Menschen mit Abläufen leben, statt von einem Ereignis zum nächsten zu stolpern.

Bedauerlicherweise haben sich die meisten Menschen keine Abläufe erdacht, sondern erhalten willkürliche, unvorhersehbare Einnahmen, während erfolgreiche, reiche Menschen Abläufe geplant haben; ihre Einnahmen sind vorhersehbar.

Geld wird durch Reduzierung der Variabilitätssünden geschaffen. Das heißt, jede Variable, die es ermöglicht, dass etwas im Unternehmen auf mehr als eine Art geschehen kann, ist schädlich! Es darf nur *einen* perfekten Weg geben!

Gehen wir einmal davon aus, dass Du im Verkauf tätig bist und ein Produkt oder eine Dienstleistung anbietest. Jedes Mal, wenn Du vor einem Interessenten sitzt, verkaufst Du dieses Produkt oder diese Dienstleistung mit einer improvisierten Präsentation; manchmal läuft es richtig gut, ein anderes Mal nicht so gut. Da Du diese

Verkaufsgespräche aber improvisierst, kannst Du nie wirklich erkennen, woran der Erfolg oder Misserfolg liegt.

Hättest Du dagegen eine Verkaufspräsentation, die Du vorher durchdacht, notiert und einstudiert hast, und würdest vielleicht sogar mit Präsentationsfolien Dein Produkt anbieten, könntest Du genau messen, wie erfolgreich sie ist. Sofern nötig, könntest Du sogar einzelne Teile der Präsentation austauschen beziehungsweise ergänzen. Man könnte zum Beispiel beim nächsten Mal ausprobieren, wie es mit einem anderen Preis funktionieren würde. Dann hätte man einen klaren Vergleich.

Ohne feste Abläufe besteht das gesamte Unternehmen, der gesamte unternehmerische Ansatz im Prinzip nur aus Variabilitätssünden, in denen man nicht einmal erkennen kann, was wann gut oder weniger gut gemacht wurde.

Es ist wichtig, dass Du *den* perfekten Weg findest! Dann kannst Du ihn immer wieder gehen. Und was sehr cool ist: Du kannst sogar jemanden dafür bezahlen, dass er diesen perfekten Weg, den Du gefunden hast, für Dich geht. Das heißt, Du gewinnst persönliche Freiheit und bist nicht mehr darauf angewiesen, diese Tätigkeit in Deinem Unternehmen höchstpersönlich zu erledigen. Du könntest sogar Dein Unternehmen verkaufen und entweder etwas Neues beginnen oder als Privatier einfach das tun, was Dir Freude macht. Mit den Menschen, die Du liebst. Oder vielleicht willst Du Deine frei gewordene Zeit und Deine neugewonnenen Ressourcen dazu nutzen, diese Welt ein bisschen besser zu machen.

Das heißt also, Variabilitätssünden sind Tätigkeiten, die nicht nach einem festen Ablauf geschehen, sondern »aus dem Bauch heraus« mal so, mal anders gemacht werden. Wobei es in einem Verkaufsgespräch selbstverständlich auch einen interaktiven Teil geben kann, in dem man auf Fragen eingeht. Allerdings sollte man auf die wichtigsten Fragen und Einwände, die sich ergeben könnten, bereits eine Antwort vorbereitet haben, um sie scheinbar spontan aus dem Ärmel ziehen zu können.

Sobald man den *einen* perfekten Weg gefunden hat, kann man ihn »split-testen«. Das bedeutet, dass man zwei kleine Variablen miteinander vergleicht und probiert, welche von ihnen besser funktioniert. Man schickt praktisch zwei Varianten nebeneinander ins Rennen und prüft, welche die befriedigenderen Ergebnisse bringt. Da es jeweils nur den einen perfekten Weg gibt, wirkt die Reduzierung von Variabilitätssünden extrem stark. Das heißt, sobald man die weniger gut funktionierenden Variablen entfernt, fließt automatisch mehr Geld in Richtung des Unternehmens. Und je mehr im Unternehmen und Geschäftsleben mit geregelten Abläufen gehandhabt wird, desto mehr und nachhaltiger wird Geld generiert.

Ein gutes Beispiel ist McDonald's: Der Erfolg rührt daher, dass es festgelegte Abläufe ohne Variablen gibt, die weltweit standardisiert wurden.

Arme Leute arbeiten, reiche Leute führen Abläufe durch. Der bittere Nachgeschmack davon: Das bewährteste Erfolgssystem ist monoton. Dies bedeutet aber auch, dass das, was monoton geworden ist, delegierbar wird. Letztendlich werden dadurch Ressourcen für Kreativität freigesetzt, denn die Kreativität wird nicht mehr dafür benötigt, an Orten zu improvisieren, wo es besser wäre, zu standardisieren.

----

6.   DER PARADOXON-HACK

Lady Pecunia liebt es, durch komplizierte, verstrickte und gut durchdachte Abläufe zu uns zu kommen.

Lady Pecunia liebt Komplexität. Wenn wir unsere Bemühungen darauf richten, die Abläufe zur Kundengewinnung und zu den Geschäftsabschlüssen so einfach wie möglich zu gestalten, blockieren wir den Geldfluss in unserem Unternehmen. Divas lieben es kompliziert …

In den 1940er-Jahren spielte der berühmte Tänzer Fred Astaire – vielleicht der berühmteste Tänzer aller Zeiten – in zahlreichen großen Filmproduktionen mit. Sehr treffend wurde über ihn gesagt: »He made it look so easy.« Sinngemäß übersetzt: »Er sorgte dafür, dass es (das Tanzen) so leicht aussah.«

Ich denke, dies ist das Erfolgsgeheimnis aller großen Künstler. In ihrer Meisterschaft haben sie eine solche Leichtigkeit entwickelt, dass sich jeder vorstellen kann, das Gleiche auch einmal zu tun.

Ein weiterer entscheidender Punkt: Ein zu wenig komplexes System zieht Copy-Cats von nah und fern an. Ein offenes, leicht zu durchschauendes System kann jeder kopieren und verbessern. Clever ist es stattdessen, nach außen hin einfache Abläufe zu offenbaren, hinter denen aber – gut verborgen im Hintergrund – eine hoch entwickelte, komplexe und strategische Konstruktion steckt.

Schauen wir uns dazu Amazon an, das inzwischen größte Kaufhaus der Welt, das für den Endkunden so einfach zu handhaben ist. Aber hinter der scheinbar einfachen Oberfläche von Amazon liegt eine tiefgreifende, schwer zu kopierende Komplexität hinsichtlich Logistik, Bezahlsystemen, Rezensionen, Algorithmen und Konstruktion der Webseiten.

Oder Google: Sehr einfache Webseite – wahrscheinlich die einfachste der Welt. Für den Endnutzer sehr leicht zu bedienen. Du tippst ein, was Du suchst, und voilà, in Sekundenbruchteilen werden Dir Suchergebnisse, nach Relevanz geordnet, aufgelistet. Aber dahinter steckt ein unkopierbares, höchst komplexes System.

Ja, Lady Pecunia liebt Komplexität. Aber für die Kunden muss die Schwelle so niedrig wie möglich sein, damit sie sich nicht einmal Gedanken darüber machen, welch eine komplexe Struktur dahintersteckt. Allein die mit der Erstellung eines solchen Systems einhergehende Mühe dient als eine so große Abschreckung für all die anderen, dass es nicht geklaut wird. (Und das ist auch gut so.)

Fassen wir zusammen:
Für Dein Marketing ist der Reiz der Einfachheit zwar sehr vorteilhaft, aber sie ist nachteilig für Deine Unternehmensführung. Komplexe und komplizierte Systeme sorgen dafür, dass Dein Unternehmen aus der Menge der Mitwettbewerber hervorsticht. Wenn Dein Erfolgsgeheimnis kompliziert ist, ist es für Leute, die zum Plagiat neigen, höchstwahrscheinlich zu mühsam, es zu kopieren. Oder Konkurrenten werden nur die Oberfläche nachahmen, ohne in die Tiefenstruktur gehen zu können.

Oft sehe ich Webseiten, die auf der Oberfläche fast ein Amazon-Klon sind. Im Endeffekt wurde ich aber bisher immer enttäuscht: Es sieht zwar aus wie Amazon, doch spätestens beim Versuch, eine Bestellung abzuschicken, werde ich eines Besseren belehrt.

- - - - - - - - - - - - - - - - - - - -
7. DER REALITY-CHECK-HACK

Lady Pecunia erwartet von uns, dass wir aufwachen und erkennen: Die Realität ist nicht so, wie wir sie gerne hätten.

Viele kennen das Buch »Denke nach und werde reich« von Napoleon Hill. Leider haben die wenigsten, die es gelesen haben, das Prinzip des vernünftigen Denkens richtig aufgenommen, da es der Bereich ist, den sie am wenigsten mögen.

Die Kapitel, die dem Organisieren und dem organisierten Denken gewidmet sind, sind nicht wirklich mit dem esoterischen Wunschdenken kompatibel, das man zum Beispiel im Film »The Secret« findet. Nicht dass ich »The Secret« nicht gut finde, aber der Film ist notwendigerweise unvollständig. Bemerkenswert an ihm ist aber, dass er ein riesiges Bewusstsein geschaffen hat – eine gigantische Leistung, wenn man bedenkt, dass der Film nur eine Spielzeit von 90 Minuten hat. In 90 Minuten lässt sich nicht das ganze »Wie« hineinpacken.

Unvernünftiges Denken beruht auf pseudoesoterisch gefärbtem Wunschdenken, etablierten konventionellen Weisheiten, Gewohnheitsdenken, unbegründeten Meinungen, Meinungen anderer, die als Fakten hingenommen werden, auf angstbasierten Einverständnissen mit den Einstellungen anderer, auf unerprobten Fakten, unangefochtenen Kundenbewertungen, voreingenommen durchgeführten Recherchen, falscher Wissenschaft und unvollständigen Informationen.

Viele verlassen sich eher auf ihr »Bauchgefühl« und ihren eigenen Glauben als auf Fakten. Ich bin ein sehr großer Fan der Intuition. Sie zu entwickeln ist ein lebenslanger Prozess. Und ihr immer mehr zu vertrauen ist für mich eines der wichtigsten Ziele in der persönlichen Entwicklung eines jeden Menschen.

Zwischen »Bauchgefühl« und »Intuition« besteht für mich jedoch ein sehr großer Unterschied! Mein spiritueller Mentor Wayne Dyer beschreibt »Intuition« mit folgenden Worten: »Intuition ist, wenn Gott zum Menschen spricht. Das Bauchgefühl dagegen ist, wenn mein Bauch zu mir spricht.«

Der Bauch spricht zu mir aus der Erinnerung vorangegangener Erfahrungen oder auch vorangegangener Meinungen anderer Menschen. Mein Bauchgefühl ist manchmal nichts anderes als die Stimme einer unbewussten Programmierung. Natürlich behält der »Bauch« oft recht, denn er sieht nur das, was er bereits kennt … Die Intuition hingegen erlaubt es uns, in völlig neue Dimensionen vorzudringen.

Ein guter Wegweiser ist die Frage, ob man eine Entscheidung trifft, weil ein Gefühl von Angst vorhanden ist. Zum Beispiel die Angst, etwas zu verpassen oder etwas falsch zu machen; oder von anderen Leuten verachtet und nicht anerkannt zu werden. Falls ja, kann man mit ziemlicher Sicherheit davon ausgehen, dass es eher ein Bauchgefühl ist.

Bedenke aber auch: Nicht jedes Bauchgefühl ist falsch. Genau das macht das Ganze so problematisch. Wenn Du in einem bestimmten

Bereich sehr viel Erfahrung hast, machst Du aus dem Bauch heraus vieles richtig. Von daher hilft an dieser Stelle nur geduldige und langfristige Beobachtung. Das heißt, man beobachtet die Resultate, die man erhält, wenn man aufgrund eines bestimmten Bauchgefühls handelt. Und solange diese Resultate gut sind, ist alles in Ordnung.

Intuition wiederum hilft an Punkten weiter, die jenseits der bisherigen Erfahrung liegen. Intuition ist etwas Heiliges. Die Stimme der Intuition ist sehr leise. Das Bauchgefühl dagegen ist meistens laut und automatisch.

Und was sind schon Tatsachen? Was sind Fakten? Wir haben alle möglichen Annahmen, Vorstellungen und Meinungen, wie etwas sein sollte, und nehmen diese Annahmen als *die* Wahrheit hin. Wir verwechseln Vermutungen mit Fakten. Aber wir sollten uns immer wieder die Mühe machen, die vermeintlichen Fakten und Meinungen anderer infrage zu stellen und unsere eigenen, notwendigen Recherchen zu machen. Und zwar nicht auf den einschlägigen »Weltverschwörungsseiten«.

Immanuel Kant (1724–1804), den ich für den größten Philosophen der Neuzeit halte, erklärte den Satz aus dem ersten Buch der Episteln des Dichters Horaz (65–8 v. Chr.) zu seinem Leitspruch der Aufklärung: »Sapere aude!« Modern übersetzt könnte man sagen: »Trau dich, selber zu denken!« Der Begründer der Homöopathie, Samuel Hahnemann (1755–1843), übernahm diesen Satz ebenfalls als seine Maxime.

»Trau dich, selber zu denken!« Wie oft beginnen wir eine Recherche bereits mit dem Bewusstsein, wir müssten nur nach Hinweisen dafür suchen, dass unsere Annahme (oder anders gesagt: unser Bauchgefühl) wahr ist? Alle Fakten, die wir dann finden, bestätigen natürlich dieses Bauchgefühl. Und wir sagen: »Ja, siehst du, ich hab's ja gleich gewusst!« Fakten, die diese Annahme widerlegen würden, nehmen wir entweder nicht wahr oder wir tun sie als unsinnig ab. Natürlich ist es auch möglich, dass wir die Recherche sofort abbrechen, nachdem wir die ersten Bestätigungen für unser Bauchgefühl gefunden haben.

Also: »Trau dich, selber zu denken!« bedeutet, mit dem eigenen Kopf zu denken, sich auf Fakten zu verlassen statt auf ein vages, vom Paradigma gesteuertes Bauchgefühl. Denn Letzteres ist unvernünftiges Denken, das natürlich wunderbar für diejenigen arbeitet, die all das falsche Wissen »verkünden«, um ihre eigenen festgefahrenen Ansichten zu bestätigen.

Solltest Du aus diesen fragwürdigen Baumaterialien eine Straße für Lady Pecunia bauen und sie bitten, zu Dir zu kommen, hat sie einen Weg voller Schlaglöcher, Umwege und dunkler Gassen vor sich. Ob ihr das wohl gefällt? Der Lady bieten sich eine Menge anderer gut ausgebauter Autobahnen ohne Tempolimit an. Eine Diva fährt nicht ohne Not auf holperigen Straßen.

Wenn wir Lady Pecunia in ihrer ganzen Pracht empfangen wollen, wird es Zeit, aufzuwachen und zu erkennen: Die Realität ist nicht so, wie Du sie gerne hättest. Die Realität ist einfach das, was ist. Entweder wir akzeptieren sie und nutzen sie zu unserem Vorteil, oder diese Realität, die wir nicht anerkennen wollen, richtet sich automatisch gegen uns – und Lady Pecunia geht woanders hin.

Selber zu denken, bedeutet oft auch: Wir müssen eine einmal eingeschlagene Richtung wieder ändern, nachdem wir neue Erkenntnisse gewonnen haben. Es bringt nichts, in eine Sackgasse zu marschieren und einfach weiterzugehen, nur weil wir schon so weit gegangen sind.

Als großer Fan von Napoleon Hill betrübt es mich, dass er so missverstanden wird. Zu seinen Maximen gehört, dass Durchhaltevermögen durch keine andere Fähigkeit ersetzt werden kann. Mit diesem Wissen im Hinterkopf müssen wir eine Unterscheidung treffen zwischen Durchhaltevermögen und Sturheit.

Unter Sturheit versteht man, dass man in eine Richtung weiterdenkt und weitergeht, nur weil man davon ausgeht, dass man hier durchhalten muss. Dabei ist längst klar, dass diese Richtung in eine Sackgasse oder in die Irre führt.

Durchhaltevermögen bedeutet dagegen, an dem anvisierten Ziel festzuhalten. Nebenbei bemerkt: Durchhaltevermögen setzt voraus, dass man sich die notwendige Zeit genommen hat, dieses Ziel so zu formulieren, dass es nicht nur im Moment passend ist, sondern auch noch in einem Jahr stimmig sein wird und nicht dauernd schwankt.

Sobald die Umstände uns beweisen, dass der eingeschlagene Weg nicht besonders gut oder sogar überhaupt nicht funktioniert, ist es buchstäblich notwendig, dass wir den Plan ändern. Hier gilt es, zwischen Plan und Ziel zu unterscheiden. Das Ziel solltest Du nicht ändern, aber den Plan, den Du benötigst, um das Ziel zu erreichen, solltest Du von Zeit zu Zeit neu überdenken.

- - - - - - - - - - - - - - - - - -

8.   DER BEGEISTERUNGS-HACK

Lady Pecunia wird von echtem Enthusiasmus angezogen.

Geld wird von Enthusiasmus – großer Begeisterung – angezogen. Lady Pecunia fühlt sich gänzlich von Enthusiasten angezogen; sie findet sie unglaublich sexy.

Mit Enthusiasmus meine ich nicht diesen irrtümlichen Enthusiasmus, bei dem man während eines Motivationsseminars mit tausend anderen Teilnehmern über glühende Kohlen läuft und sich danach ganz toll motiviert fühlt … Nein, diese Art von Enthusiasmus ist nur überaus vergänglich. Mit Enthusiasmus meine ich ein leidenschaftliches Interesse, zu erfahren, warum das Geld fließt. Man könnte auch sagen: Enthusiasmus, wirklich herauszufinden, worauf Lady Pecunia steht. Was mag sie?

Menschen mit einem starken Charisma bekommen regelmäßig Anerkennung; ihre Macht und ihr Reichtum nehmen zu. Im Gespräch geben sie einem das Gefühl, man sei die einzige Person im Raum.

Genau das ist es, was Lady Pecunia von Dir erwartet. Sie möchte von Dir so behandelt und angesprochen werden, dass sie das Gefühl bekommt, Du hättest nur Augen für sie. Keine Frau mag es, wenn ihr Partner in der Öffentlichkeit mit anderen Frauen liebäugelt. Das Gleiche gilt bei Lady Pecunia.

Die wichtigsten Fakten noch einmal im Überblick:
Lady Pecunia wird von echtem Enthusiasmus angezogen. Das Signalwort ist hierbei »echt«; es darf nicht gespielt sein. Geld wird Dir zufließen, weil und wenn Du wirklich mit Leidenschaft bei der Sache bist. Wenn Du reich sein willst, solltest Du etwas finden, wofür Du wahren Enthusiasmus empfindest.

Kleiner Exkurs: Business-Building-Day

Eine Möglichkeit, um mehr Enthusiasmus für Dein Unternehmen zu erlangen: Widme einen ganzen Tag in der Woche der Arbeit *an* Deinem Unternehmen statt *in* Deinem Unternehmen. Diesen festen Tag trägst Du in Deinen Kalender ein. (»Wow, ich freue mich, heute ist mein Business-Building-Day!«) Somit arbeitest Du konsequent an Deinem Business und nicht wie die Feuerwehr nur im akuten Notfall (wenn Du Unternehmer*in bist, brennt es im Grunde dauernd irgendwo …).

Das ist, glaube ich, überhaupt das größte Geheimnis erfolgreicher Unternehmer*innen: sich Zeit für Aufgaben zu nehmen, die nicht dringlich sind, aber die das Unternehmen oder das Leben auf eine höhere Ebene bringen.

Viel zu oft sind wir im passiven Modus und reagieren nur auf Notwendigkeiten, anstatt proaktiv an etwas zu arbeiten, was das Unternehmen auf eine neue Stufe bringen würde. Etwas anzupacken, obwohl es keine Dringlichkeit hat, aber von dem Du weißt, dass es Dich auf die nächste Ebene heben würde, garantiert Dir einen regelmäßigen Schub von neuem Enthusiasmus. Lady Pecunia wird sich dann immer öfter bei Dir zeigen.

9. DER BESESSENHEITS-HACK

**Lady Pecunia steht auf
besessene Persönlichkeiten.**

Jetzt denkst Du vielleicht: »Oh, mein Gott – *besessen* …, heißt das nicht, dass jemand von einer negativen, dämonischen Kraft in Besitz genommen wurde? Nun, das kann es auch heißen. Doch wenn Du an das letzte Mal denkst, wo Du total verliebt warst: Da warst Du doch von einem unglaublich starken Gefühl *besessen,* richtig? Du konntest an nichts anderes mehr denken. Wenn jemand ein bestimmtes Ziel verfolgt, es mit Herzblut erreichen will und alles dafür tut, um es zu erreichen – das ist Besessenheit.

Besessene Persönlichkeiten sind kreative Persönlichkeiten. Sooft ich über Kreativität spreche, höre ich von manchen Seminarteilnehmern: »Ich bin nicht kreativ, andere sind kreativ, aber ich nicht.« Die Wahrheit lautet: Kreativität kommt nicht aus einer plötzlichen Inspiration heraus, die einen trägen Verstand und untätige Hände überfällt, sondern sie ist das Ergebnis unermüdlicher Arbeit einer besessenen Persönlichkeit. Das heißt, wenn Du wie besessen an etwas arbeitest, zum Beispiel an einem Ziel, an der Realisierung eines würdigen Ideals in Deinem Leben, wird die Kreativität Dich heimsuchen. Das kann ich versprechen. Oder wie einmal jemand gesagt hat: Die Muse überrascht einen bei konzentrierter Arbeit.

Lady Pecunia fühlt sich zu den Menschen hingezogen, die besessen sind von ihrer Arbeit, die besessen sind vom Wachstum, und zu denen, die davon besessen sind, die Welt durch ihre eigenen Schöpfungen zu verändern.

Aber was macht diese Menschen für Lady Pecunia so unwiderstehlich? Es ist einerseits die Bedingungslosigkeit, mit der sie ihrer Leidenschaft nachgehen. Andererseits ist die Dame hingerissen von der Gewissheit und der felsenfesten Überzeugung dieser Menschen, dass sie das Richtige tun. Sie ist ganz verrückt nach dieser unglaublichen Energie.

Wenn eine Diva verrückt nach jemandem ist, ist sie sogar bereit, über andere Sünden dieser Besessenen gnädig hinwegzusehen. Zumindest zeitweise wird sie ihnen zum Beispiel ihr offensichtliches Desinteresse an finanziellen Belohnungen vergeben. Sie ist sogar bereit, über einige organisatorische Defizite hinwegzusehen. Und genau das macht diesen Hack so wichtig.

Falls Du nicht eine gewisse Besessenheit in Dir trägst, wird es sehr schwierig, die Energie für dieses Spiel aufzubringen. Unsere Wirtschaftsgeschichte ist voll von Initiatoren, die besessen davon waren, etwas zu erschaffen, aufzubauen oder zu tun, ohne dass sie vom damit zusammenhängenden finanziellen Erfolg motiviert wurden. Viele der Initiatoren, Gründer oder Unternehmer waren sogar völlig desinteressiert gegenüber dem Geld. Und anscheinend hat Lady Pecunia ihnen diesen Fehler zumindest zeitweise verziehen. Das Geld floss trotzdem: Die Diva lässt das Geld fließen, weil sie die schöpferische Kraft dieser Menschen weiter antreiben will. Sie steht auf diese Mischung aus Besessenheit, Wagemut und Kreativität. Sie will mehr davon, deshalb verzeiht sie diesen Unternehmern so vieles, mit dem andere »normalere« Zeitgenossen bei ihr nicht durchkämen.

Irgendwann fordert sie allerdings auch von ihren Lieblingen, dass sie Respekt und ein gesundes Interesse an finanziellen Angelegenheiten entwickeln – oder sich zumindest mit jemandem partnerschaftlich verbinden, der diesen Aspekt ernst nimmt. Sonst landen auch die kreativen Lieblinge der Lady letztendlich in der Armut – was eine ziemlich harte Bestrafung ist, wenn man bedenkt, was diese kreativen Besessenen alles erschaffen haben.

Die wichtigsten Fakten noch einmal im Überblick:
Lady Pecunia fühlt sich zu Unternehmern und Unternehmerinnen hingezogen, die bei der Verfolgung ihres Traums fanatisch sind. Geld kümmert sich – zumindest für eine Weile – nicht im Geringsten darum, dass diesen Männern und Frauen der Traum wichtiger ist als das Geld. Unermüdliche, übertriebene und sogar fanatische Besessenheit für Details und eine leidenschaftliche Umsetzung dessen, was wichtig ist, stellen in Bezug auf Geld keine negative Charaktereigenschaft dar.

10. DER SUPERSTAR-HACK

**Lady Pecunia interessiert sich nicht für Deine
Fähigkeiten, Dein Wissen oder Deine Erfahrun-
gen. Sie interessiert sich nur für die eine Frage:
Bist Du ein »Jemand« oder ein »Niemand«?**

Frank Sinatra war der erste Pop-Superstar der Geschichte. Und das
wusste er. Niemals hätte er sich in der Öffentlichkeit mit etwas abgegeben, was seinen Superstar-Status untergraben hätte. Indem er
sagte: »Sinatra schiebt keine Klaviere hin und her«, kommunizierte
er dies offen und ehrlich.

»Wichtig sein« ist das größte Geheimnis, um Lady Pecunia anzuziehen. Solltest Du nicht die Art von Mensch sein, zu der Lady
Pecunia sich automatisch hingezogen fühlt und bei der sie auch
bleiben möchte, wird sie sich Dir gegenüber sehr zurückhaltend zeigen. Also, was für eine Art von Mensch muss man sein, um Lady
Pecunia anzuziehen? Ein wichtiger Mensch – einer, der sich selbst
wichtig nimmt!

Es gibt viele Möglichkeiten, um Geld in Bewegung zu bringen, zum
Beispiel vorteilhafte Aufmerksamkeit und Interesse in den Medien
(Promi-Status), Honorare und Preisgelder, die bereitwillig gezahlt
werden …, all das trägt ungeheuer dazu bei, für wie wichtig ein
Mensch gehalten wird. Und dies ist viel wichtiger als die Einschät-
zung, wie gebildet, fähig, talentiert oder qualifiziert jemand ist.

Richten wir unseren Blick in die USA: Donald Trump gehört zu
jener Spezies, die sich ungeheuer wichtig nimmt. Das sagt aber
weder etwas über seine Qualitäten als Mensch aus noch über seine
Fähigkeit, Präsident zu sein, noch darüber, wie gebildet und qualifiziert er wirklich ist. Es sagt einzig und allein etwas darüber aus,
wie wichtig er sich selbst nimmt. Ungeheuer wichtig. Ich möchte
jetzt nicht Donald Trump als ein Vorbild etablieren – er soll hier
lediglich als ein Beweis gelten, dass dieser Punkt stimmig ist.

Wenn wir es etwas heiliger haben wollen: Die großen Anführer der Menschheit, die Unglaubliches erreicht haben, wie Mutter Teresa, Mahatma Gandhi, Albert Schweitzer – sie waren durchweg Menschen, die sich – und vor allem das, was sie gemacht haben – unglaublich wichtig genommen haben. Um einen so großen Anspruch zu haben wie Mutter Teresa – Jesus zu dienen, indem man den Ärmsten der Armen hilft –, muss man sich und die eigene Mission sehr wichtig nehmen. Oder Gandhi, der einen ganzen Subkontinent von der britischen Kolonialmacht befreite – und zwar gewaltlos: Auch dazu braucht man ein Gefühl von großer Wichtigkeit. Sie alle sind Superstars.

Es ist kein Zufall, dass eine der beliebtesten Shows in unserem Land »Deutschland sucht den Superstar« heißt. Nebenbei bemerkt: Kein wirklicher Superstar würde sich vor eine Jury stellen in der Hoffnung, von ihr gekürt zu werden. Ein echter Superstar erklärt sich selbst zum Superstar.

Dass Lady Pecunia haufenweise Geld zu den Menschen schickt, die sich als Superstars fühlen und sich selber absolut wichtig nehmen, ist eine offensichtliche, unbestreitbare Realität. Eine Realität, die aber von den meisten missachtet wird. Denn wir finden es unfair und ungerecht oder auch beleidigend und abstoßend. Es verstößt gegen unseren anerzogenen Anstand, gegen das auferlegte Gebot, möglichst bescheiden zu sein, und gegen die Erziehung, die uns eingebläut hat, dass wir uns selber nicht so wichtig nehmen sollen.

Wir investieren enorm viel in die Aufrechterhaltung unseres Paradigmas; dadurch gibt es diese starken negativen Emotionen, die zu Barrieren werden und die uns von effektiven Handlungen abhalten. Oder um es vereinfacht auszudrücken: Das Ego des Einzelnen würde sehr viel lieber recht haben wollen, als reich zu sein. Also, wenn Du Geld haben willst, nimm Dich wichtig. So wie das Geld eine Diva ist, ist es wichtig, dass auch Du eine Diva bist in dem, was Du tust.

Ich meine zu hören, wie Du fragst: »Und wo fangen Überheblichkeit oder Narzissmus an?« Ich denke, den entscheidenden Unterschied macht die Frage »*Cui bono? Wem nützt es?*«.

Wenn eine Persönlichkeit wie Mutter Teresa oder Mahatma Gandhi ihre Ziele äußerst wichtig nimmt, dann dient ihre Leistung und ihr Erfolg nicht ausschließlich dem eigenen Ego, sondern einer größeren Sache.

Ich bin nicht Donald Trumps persönlicher Psychiater …, aber ich wage es, die Vermutung auszusprechen, dass sein Motiv, Präsident der Vereinigten Staaten von Amerika zu werden, weniger darin lag, dem Volk zu dienen, sondern eher als der krönende Abschluss eines exzentrischen Lebens geplant ist. Der mächtigste Mann der Welt sein – das ist schon sehr attraktiv für jemanden, dessen wirkliches Motto nicht »America first«, sondern »Me first« lautet …

Letztendlich steckt in jedem, der sich selber so wichtig nimmt, dass Lady Pecunia sich angelockt fühlt, eine gewisse Portion Narzissmus. Verwechsele dies aber nicht mit krankhaftem Narzissmus. Wenn es einem größeren Ganzen dient, ist das Universum bereit, ein gewisses Maß an Narzissmus hinzunehmen. Wenn Du überhaupt kein Ego hättest, wie solltest Du Dich denn dann durchsetzen? Das ist immer ein Balanceakt.

Die entscheidende Frage, die Du Dir stellen solltest, heißt also: »*Cui bono?*« Wem nützt es, dass Du Deine Unternehmungen wichtig nimmst? Nützt es nur Dir selber, Deinem eigenen Ego – oder dient es einer großen Zahl von Menschen, Deiner Familie, Deinen Kunden und Kundinnen, einer sozialen Gruppe, kurz: auch anderen Menschen? Geht der Kreis derjenigen, die davon profitieren, dass Du Dich wichtig nimmst, über Dein eigenes Ego hinaus?

Ein Freund von mir denkt jedes Mal, wenn jemand eine Beratungsdienstleistung von ihm nicht kauft: »Warum sollte der Kunde das nicht benötigen? Meine Dienstleistung ist so wichtig, sie ist so gut, die sollte jeder haben!« Genau das ist der Punkt: Du musst von der Wichtigkeit wirklich überzeugt sein – gerade den Menschen gegenüber, denen Du etwas anbietest.

Du kannst es drehen und wenden, wie Du willst: Geld fließt zu den Menschen, die von anderen für wichtig gehalten werden. Und je mehr sie beeindruckt sind, desto eher werden sie bereitwillig dafür bezahlen. In Wahrheit stellt der Markt die ganze Zeit über nur diese eine Frage: »Bist du ein Jemand oder ein Niemand?«

Ich habe die enttäuschende, bittere, traurige Wahrheit bereits angedeutet: Lady Pecunia interessiert sich nicht für Deine Fähigkeiten, Dein Wissen, Deine Erfahrungen, für Richtig oder Falsch!

Vielleicht sagst Du jetzt: »Aber Alexander, ich bin nicht der Typ, der sich gerne ins Rampenlicht stellt. Wie soll ich da ein Superstar werden?« Nun, Du musst gar nicht im Rampenlicht stehen. Die größten Superstars sind in der Öffentlichkeit kaum anzutreffen. John D. Rockefeller (1839–1937), der reichste Mann aller Zeiten, nahm sich und sein Imperium äußerst wichtig; alle hatten Ehrfurcht vor ihm und bewunderten ihn. Aber er trat fast nie öffentlich in Erscheinung. Die Albrecht-Brüder, die Begründer von ALDI, waren die reichsten Deutschen aller Zeiten, doch kaum jemand außerhalb ihres engsten Kreises wusste, wie sie aussahen …

Im Rampenlicht zu stehen ist die eine Möglichkeit, Superstar zu sein. Doch die größten Superstars ziehen eher als »Graue Eminenzen« im Hintergrund die Strippen. Der Schlüssel ist, dass Du Dich selbst absolut wichtig nehmen musst. Lady Pecunia hat einen untrüglichen Riecher dafür. Wenn Du wichtig bist, sticht genau das alle anderen Merkmale aus. Deshalb ist es so bedeutend, dass Du Dich positionierst: als der/die Wichtigste – der Superstar Deiner Branche. Du musst ein Jemand sein, um den man nicht herumkommt.

Für mich war dieses Thema eine sehr dicke Kröte, die ich schlucken musste. Ich bin in einer Familie aufgewachsen, in der Wissen und Bildung sehr hoch gehalten wurden. Meine Mutter war immer empört, wenn Leute, die ungebildeter waren als sie, für wichtiger genommen wurden. Aber das ist das Gesetz, das ist der Hack dahinter. Noch mal zum Memorieren: Lady Pecunia interessiert sich kein bisschen für Deine Fähigkeiten, Dein Wissen, Deine Erfahrungen – obwohl sie natürlich wünschens- oder bewundernswert sind! –, sondern am Ende des Tages stellt sie nur die eine Frage:

»Für wie wichtig hält Dich Dein Markt? Bist Du ein Jemand oder bist Du ein Niemand?« Je nach Deiner Antwort dosiert sie die Aufmerksamkeit, die sie Dir schenkt (oder entzieht).

- - - - - - - - - - - - - - -

11. DER IMPERATOR-HACK

Lady Pecunia steht auf Menschen, die ihr eigenes Universum besitzen.

Der Imperator-Hack steht in enger Verbindung mit dem ersten Hack, der sich damit beschäftigt, ob Du etwas organisierst oder nur teilnimmst. Denn Lady Pecunia liebt Menschen, die Regenten ihres eigenen Universums sind.

Menschen, die ihre eigenen Universen erschaffen haben, ziehen eine ganze Menge Geld an. Denken wir an das Leben und die Karrieren von Menschen wie Hugh Hefner und Walt Disney. Die Ähnlichkeiten der beiden sind enorm und tiefgreifend: Beide haben ihr jeweils eigenes, neuartiges Universum geformt – mit etwas, das es zuvor nicht gab. Beide haben ihre Universen im wahrsten Sinne des Wortes aufgebaut – bis hin zu manifestierten Orten, den Mittelpunkten ihres Universums. Bei Disney sind es die Vergnügungsparks und bei Hugh Hefner die legendäre Playboy Mansion, eine sagenhafte Villa mit rund 2000 Quadratmetern Wohnfläche.

Die Kontrolle über ein eigenes Universum zu haben, beinhaltet auf jeden Fall, auch Kontrolle über eigene Medien zu besitzen. Wem Medien gehören, der ist wichtig und verfügt über eine solide geschäftliche Basis. Fast jeder, der sich ein Universum aufbaut, hat Mitglieder, eine Fangemeinde oder irgendeine Form von Gemeinschaft.

Finde also einen Weg, um Dein eigenes Universum aufzubauen, dessen Imperator*in Du bist. Lady Pecunia wird Dich dafür lieben!

12. DER SELBSTDARSTELLER-HACK

Lady Pecunia liebt Selbstvermarkter*innen und Verkäufer*innen.

Ein Meister der Selbstdarstellung ist – man sehe mir die Wiederholung nach – Donald Trump. Rund um die Uhr und weltweit macht man sich über ihn lustig, unter anderem wegen seiner größenwahnsinnigen Bemerkungen, dieses dauernde »Wir erschaffen den größten, den besten, den glamourösesten, den ruhmreichsten, den unglaublichsten Hotelkomplex, Country Club, Golfplatz« oder was auch immer. Aber Du kannst so viel lachen, wie Du willst – schau Dir einfach seine Finanzen an …!

Insgeheim werden die Selbstdarsteller von einer stillen Mehrheit bewundert. Vielleicht, weil sie auch gerne so wären? Und am Ende wurde »The Trump« sogar Präsident. Selbstvermarktung ist magnetisch.

Schauen wir uns ein anderes Beispiel an: die »Keynotes« von Apple. Diese regelmäßig stattfindenden Produktpräsentationen werden nahezu zelebriert wie eine heilige Messe. Das Licht. Die Andacht. Die Dramaturgie. Das iPhone als heiliger Gral. Steve Jobs als neuer Messias. Und das alles für ein … Telefon. Es ist unglaublich, aber am nächsten frühen Morgen kampieren Zehntausende vor den »Apple Stores«, den Tempeln der neuen Zeit, um für 1000 Dollar ein Telefon kaufen zu dürfen. Das ist Selbstvermarktung vom Feinsten.

Fassen wir zusammen:
Geld bewegt sich in Richtung derjenigen, die schamlose Selbstvermarktung betreiben. Lady Pecunia fließt zu denen, die Produkte und Dienstleistungen und vor allem sich selbst verkaufen können. Deine Kollegen und Kolleginnen werden Dich dafür hassen. Daher musst Du aufhören, Dir darüber Sorgen zu machen. Ein Großangriff auf unsere gute Erziehung, nicht wahr?

13. DER WICHTIGKEITS-HACK

**Lady Pecunia fühlt sich zu den Menschen
hingezogen, die daran glauben, dass sich
die ganze Welt nur um sie dreht.**

Lady Pecunia scheint Menschen zu mögen, die eine übertrieben
große Selbstherrlichkeit an den Tag legen. Puuuh, die Botschaft
schüttelt doch unsere gesamte »gute Erziehung« nur so durch.

Andrew Carnegie (1835–1919) hat einmal etwas sehr Ehrliches ge-
äußert – etwas, das auf den ersten Blick total arrogant klingen mag.
Und doch glaube ich, dass es vielleicht sogar das Ehrlichste ist, was
er jemals gesagt hat. Zur Erinnerung: Er ist nach John D. Rockefeller der reichste Mann aller Zeiten, also wird er sich wohl mit Geld
auskennen. Er sagte:

»**M**an erwirbt sich große Macht, indem man sich selbst in den
geheimsten Tagträumen immer wieder versichert, dass man dazu
geboren worden ist, die Dinge zu kontrollieren.«

»Da sträuben sich mir die Haare«, denkst Du wahrscheinlich spontan. Ja, das ist ein provozierender Satz. Aber lies ihn Dir noch mal
durch und lass ihn einfach einmal sacken.

Wozu bist Du geboren worden? Indem Du Dir selber immer wieder
versicherst, dass Du ein überlegenes Wesen bist, das dazu bestimmt
ist, zu herrschen, lockst Du Lady Pecunia garantiert an. Das ist eine
dicke Kröte für viele, aber für Lady Pecunia ist das unglaublich
anziehend.

Lassen wir mal so richtig den arroganten Protz raushängen: In Deinem Spezialgebiet musst Du natürlich gut sein, das ist gar keine
Frage. Je mehr Du aber herausfindest (oder zumindest glaubst), dass

jeder, den Du für schlau gehalten hast, eigentlich ein Dummkopf ist, desto besser wird es Dir gehen. Und je mehr Du denkst: »Das packen sie eh nicht, das schaffen sie nicht, das kriegen sie nicht auf die Reihe, das können sie nicht so gut wie ich«, desto interessierter wird Lady Pecunia an Dir sein.

Oft sind es religiöse Motive, die uns hindern. Aber selbst Jesus Christus sagt in der Bergpredigt: »Man zündet auch nicht ein Licht an und setzt es unter einen Scheffel, sondern auf einen Leuchter; so leuchtet es allen, die im Hause sind.«

In welchem Bereich stellst Du Dein Licht unter den Scheffel, obwohl Du es so aufstellen solltest, dass es den anderen leuchtet?

Wir alle haben einen Beweggrund; wir haben etwas zu tun, weswegen wir auf die Welt gekommen sind. Es gibt etwas, das uns von innen heraus unendlich erfüllt und antreibt. Und in diesem Bereich »der oder die Beste« werden zu wollen, ist etwas ganz Natürliches; es ist in unserer Seele angelegt. Das hat nicht einfach was mit unserem ungezügelten Ego zu tun, wie man vielleicht denkt. Nein, es gibt etwas, für das man bestimmt ist zu leben.

Allzu oft, immer dann, wenn wir uns unsere eigenen Fähigkeiten anschauen und sie bewerten, kommen wir zu einem falschen Schluss. Du bist höchstwahrscheinlich sehr viel besser, als Du denkst. Manchmal braucht es eine große Portion Selbstherrlichkeit, um den Karren aus dem Sumpf eines zu schwachen Selbstbewusstseins zu ziehen – diesen Karren, der in der anerzogenen Bescheidenheit stecken geblieben ist, in dem Wunsch, Mittelmaß zu sein und es allen recht zu machen.

Wiederhole eine Zeit lang eine (oder gern auch beide) der folgenden Affirmationen:

»Ich bin wichtig. Das, was ich tue, ist wichtig.«
»Ich nehme das, was ich bin und tue, sehr, sehr ernst.«

Das ist nur eine Anregung, aber versuche einmal für eine gewisse Zeit, mit diesen Affirmationen zu arbeiten, um Deine Einstellung hin zu mehr Mut zum Selbstbewusstsein zu verändern. Lady Pecunia mag Menschen, die übertrieben selbstherrlich sind. Und sie fühlt sich zu den Menschen hingezogen, die daran glauben, dass sich die ganze Welt nur um sie dreht.

Wenn Du wirklich zu einem Geldmagneten werden willst, freunde Dich mit der Überzeugung an: »Im Vergleich mit den meisten anderen Menschen bin ich auf dem Gebiet, in dem ich leuchte, ihnen enorm überlegen.«

Falls Du Schwierigkeiten hast, für Dich zu identifizieren, was Dein ganz besonderes Gebiet im Leben ist, habe ich eine magische Affirmation für Dich:

»**Ich, …** [hier fügst Du Deinen Namen ein]**, bin jetzt offen und bereit dafür, die große Bestimmung zu identifizieren, die umzusetzen und zu erreichen ich einzigartig qualifiziert bin unter all den Menschen dieser Erde.**«

Solltest Du dann nach wie vor Schwierigkeiten haben, Dich selber für so besonders zu halten, nutze täglich folgende Affirmation:

»**Ich entscheide mich ein für alle Mal, alle Selbstbeschuldigungen zu verbannen, sobald ich mich überlegen fühle, und heiße das Gefühl der Überlegenheit stattdessen als den Schlüssel zu meinem Erfolg willkommen.**«

Wir sind nicht in allem eine Leuchte, und das ist auch gut so. Nutze diese Affirmation so lange, bis Du bemerkst, dass es für Dich in Ordnung ist und Du Dein Licht nicht mehr unter den Scheffel stellst.

Jetzt darfst Du Dein Licht offenbaren in dem Bereich, wo Du leuchten kannst.

14. DER IMMUNITÄTS-HACK

**Lady Pecunia fühlt sich zu den Menschen hinge-
zogen, die eine ausgeprägte Immunität gegenüber Kritik haben.**

Sobald wir eine Menge Geld anziehen wollen, werden wir mit
viel Kritik konfrontiert. Daher schauen wir uns nun folgende vier
Punkte an. Bei Leuten, die regelmäßig Geld anziehen, sind die ge-
nannten Faktoren sehr selten zu finden:

1. Ein dünnes Fell
Menschen, die viel Geld anziehen, haben in der Regel ein ziemlich
dickes Fell. Kritik und Einwände prallen an ihnen unbemerkt ab.

2. Warten auf eine Bekräftigung
Sie haben auch nicht das Bedürfnis, sich eine Erlaubnis, ein Zertifikat oder irgendeinen anderen »Segen« einzuholen, um beginnen zu
dürfen. In den USA gibt es dazu eine passende Redewendung: »Just
take the football and run!« Warte nicht auf die Erlaubnis, schnapp
Dir den Ball und renn los!

3. Abhängigkeit von Meinungen anderer
Erfolgreiche Menschen machen sich keine Sorgen über Urteile und
Meinungen von Unbefugten, also von Menschen, die nicht in der
Position sind, Empfehlungen zu geben oder Handlungen zu bewer-
ten oder gar zu verurteilen.

4. Selbstkritik
Einen sehr starken Einfluss und gewaltige Kraft haben die eigenen
inneren Dialoge. Andrew Carnegie brachte es auf den Punkt:

»**K**ümmere Dich um keine andere Anerkennung außer dem
Bewusstsein, dass Du Dein Bestes tust.«

Diese weise Bemerkung des zweitreichsten Mannes aller Zeiten sollten wir uns hinter die Ohren schreiben. Wenn es um Kritik geht, sowohl von anderen als auch von uns selbst, sollten wir uns die Haut eines Nashorns zulegen, denn alles, was wir engagiert machen, ist in diesem Moment immer das Beste.

Die einzige Kritik, um die wir uns kümmern sollten, sind die Kommentare von Kunden oder Kundinnen, die uns Geld bezahlen. Rückmeldungen unserer Kunden bzw. Auftraggeber sollten wir immer sehr ernst nehmen. Darüber hinaus nehmen wir von keiner anderen Person Kritik an. Niemand darf mitreden.

Das Gleiche gilt für die berühmt-berüchtigte Selbstkritik. So wichtig sie auch ist – in den meisten Fällen ist sie sehr destruktiv. Denn meist geht es nicht um ein bewusstes Hinschauen, was man hätte besser machen können, sondern um eine kräftezehrende Unzufriedenheit, mit der man alles zunichtemacht.

Im Mittelalter gab es eine Bewegung von Selbstgeißlern, die davon ausgingen, dass sie besonders heilig würden, wenn sie sich dauernd selber bestraften. Die Selbstkritik kann zu so einer Geißel werden.

Oft halten wir Lady Pecunia von uns fern, indem wir zu viel psychische Energie darauf verschwenden, uns selber immer wieder für Entscheidungen und Handlungen zu kritisieren, aus denen wir einfach nur lernen sollten, um mit mehr Bewusstsein weitergehen zu können. Die Vergangenheit ist vergangen; wir können sie nicht mehr ändern. Aber lernen können wir aus ihr. Und dann geht es einfach weiter.

Du brauchst nicht wie eine Volkspartei möglichst 50 Prozent aller Kunden für Dich zu gewinnen. Eine große politische Partei muss einen größtmöglichen gesellschaftlichen Konsens herstellen. Sie muss eine möglichst große Gruppe von Wählern und Wählerinnen ansprechen. Daher ist es nicht die Schuld der Politiker*innen, dass sie ausweichend und »komisch« reden. Der jeweilige Politiker weiß genau: Sagt er etwas in die eine Richtung, fühlt sich der eine Teil der Wählerschaft vor den Kopf gestoßen; äußert er aber gar nichts in diese Richtung, wird er den anderen Teil gegen sich haben. Also wird er Aussagen machen, die weder die einen verprellen noch den anderen die Hoffnung rauben, dass er ihre Interessen vertreten wird.

Als Spezialistin oder Experte darfst Du Dir dagegen in Deiner Kommunikation erlauben, polarisierend zu sprechen. Denn Du benötigst nur 0,0001 Prozent aller Menschen als Kunden. Du kannst wirklich Tacheles reden. Wenn Du Deine bestmöglichen Kunden erreichen willst, wirst Du vielleicht Wahrheiten sagen müssen, die andere womöglich verprellen werden; aber das sind dann eben nicht Deine bestmöglichen Kunden.

Deshalb brauchst Du keine Angst zu haben, einige Interessenten vor den Kopf zu stoßen: Deine idealen Kunden erreichst Du am besten, wenn Du Dich traust, die Wahrheit auszusprechen. Je mehr Du von den Nicht-Idealkunden kritisiert wirst, desto mehr sagen Deine wirklichen Ideal-Kunden: »Mensch, endlich mal jemand, der die Dinge beim Namen nennt und sie auf den Punkt bringt. Hier bin ich richtig!«

- - - - - - - - - - - - - -
15. DER REBELLEN-HACK

Lady Pecunia bevorzugt die bösen Buben und Mädchen.

So wie die klischeemäßigen Mädchen in den Hollywood-Teenie-Komödien sich unweigerlich in den Anführer der Bande verlieben, verknallt sich Lady Pecunia in die Rebellen und Schurken. Sie ist ganz vernarrt in die Typen, die sich stolz auf die Schultern klopfen, weil sie sich nicht an Regeln halten, besonders nicht an Regeln, die nicht naturgegeben sind, die also nicht universell existieren.

Die Braven und Artigen dagegen haben es angesichts der Rebellen sehr schwer, die liebevolle Aufmerksamkeit Lady Pecunias für sich zu gewinnen. Voller Bewunderung geht sie lieber zu denjenigen, die bereit sind, die etablierte Ordnung zu stören, konventionelles Denken zu umgehen oder Stufen auf dem Weg nach oben zu überspringen, um sich an die Spitze der Herde zu setzen. Ganz in dem Sinne, wie Steve Jobs es einmal sagte: »Es macht mehr Spaß, ein Pirat zu sein, als in die Marine einzutreten.«

Lady Pecunia schwärmt geradezu für die Lausbuben, Bad Girls, Schurken und dreht sehr oft denjenigen den Rücken zu, von denen die Gesellschaft annimmt, dass sie es doch viel eher verdient hätten, wohlhabend und anerkannt zu sein. Auf solcherlei Erwartungen pfeift sie. Stattdessen liebt sie es, jede/n zu belohnen, der/die willens ist, Konventionen zu ignorieren und möglichst sogar zu brechen. Wer Kollegen befremdet, vor den Kopf stößt und auf den verdienten Status pfeift – so jemanden findet sie sexy. Sie steht auf jene, die keine Lust auf jahrelanges Warten auf alle möglichen Abschlüsse und Zertifikate haben. Sie liebt die Rebellen, die eigenmächtig beschließen, dass es höchstwahrscheinlich sehr viel lohnender ist, die Mitbewerber zu überspringen und sich gleich selber den Anführer-Status zuzugestehen, mitsamt den damit verbundenen Privilegien.

Die Forbes-Liste der reichsten Menschen der Welt ist ein »Who's Who« der Studienabbrecher. Um eine Firma wie Microsoft oder Apple gründen zu können – dafür gibt es kein Zertifikat.

Vielleicht könnte Dein Marketing von einem offensiveren, unkonventionelleren Ansatz profitieren? Vielleicht hältst Du Dich auch zu sehr zurück, weil Deine Branche Dir vorgibt, was man darf und was nicht? Doch wer sagt denn, dass Du nicht der Oberpirat, die Oberpiratin sein darfst?

Solltest Du Ärztin/Arzt, Pfleger*in, Anwältin/Anwalt oder dergleichen sein, ist das natürlich keine Aufforderung, Dich gegen Regeln der Berufsverbände und Institutionen zu wenden. Aber abgesehen von diesen etablierten Professionen, die in ihren Statuten bestimmte Richtlinien verankert haben, gibt es viel weniger wirkliche Regeln, als wir denken; die meisten sind nur in unserem Kopf.

Verrückt ist, dass viele der bedeutendsten Firmen der Welt mit einem rebellischen Oberpiraten starteten. Heute sind sie der etablierte Standard.

Ein sehr gutes Beispiel für einen Rebellen, der das Industriezeitalter für immer prägte, ist Henry Ford: Er stellte das Paradigma infrage, dass Autos nur für privilegierte Schichten zur Verfügung stehen sollten, und startete die Massenproduktion. Er entfernte alles Unnötige und ließ am Fließband ein Auto bauen, das sich jeder arbeitende Amerikaner leisten konnte. Damit hatte er das Angesicht der Erde für immer verändert. Außerdem brach er mit der Konvention, dass ein Arbeiter alle einzelnen Schritte des Automobilbaus beherrschen müsse. Er bildete Menschen darin aus, wiederholt einen einzigen Handgriff zu tun. Über den sozialen Gesichtspunkt kannst Du denken, wie Du magst, aber wir sollten erwähnen, dass er außerdem mehr Lohn zahlte – erneut ein Bruch der Konvention – als alle anderen Fabrikanten der damaligen Zeit. Er hatte ein Vielfaches mehr an Bewerbungen für seine gut bezahlten Jobs. Jobs, bei denen man weder viel denken musste noch eine gute Ausbildung brauchte.

Weitere Beispiele:

Beate Uhse klärte in der prüden Nachkriegszeit der 1950er-Jahre über Verhütung und andere Themen auf und startete ein Erotik-Imperium.

Auch IKEA beruht auf einer sehr rebellischen Idee des Firmengründers Ingvar Kamprad: Erstmals konnte man Möbel direkt aus dem Lager mitnehmen und sie selber zusammenbauen.

Steve Jobs setzte voll auf das Rebellen-Image. In einem Werbefilm stellte er seinen ewigen Rivalen Bill Gates (auch ein Rebell) und dessen Firma als den bösen »Big Brother« dar, gegen den die Apple-Rebellen einen Freiheitskampf kämpfen.

16. DER VERWEGENHEITS-HACK

Lady Pecunia liebt verwegene Visionen.

Erinnern wir uns daran, dass Lady Pecunia eine Metapher für Geld ist. In diesem Buch geht es mir vorrangig darum, dass Du zu Lady Pecunia eine gute Beziehung aufbaust. Es geht um Deine Beziehung zum Geld.

Vermutlich hast Du viele der bereits besprochenen Hacks nicht erwartet. Eventuell stehst Du nun sogar vor dem Rätsel, ob Du Deine gesamte Erziehung und Konditionierung infrage stellen solltest. Und wenn ich jetzt behaupte, Geld bevorzugt die Verwegenen, dann könnte Dir der »dezente« Hinweis durchaus gegen den Strich gehen.

Unsere Erziehung beruht auf Anpassung, nicht auf Verwegenheit. Wir wurden nicht dazu erzogen, große Visionen zu haben, sondern dazu, »realistisch« zu bleiben. Lady Pecunia interessiert sich aber nicht dafür, wie Du erzogen wurdest, sondern dafür, wie Du Dich als Mensch weiterentwickelt hast.

Mit jedem dieser Hacks können wir unsere Geldbeziehung verbessern und optimieren. Natürlich müssen wir nicht alle Hacks gleichzeitig umsetzen, aber wir werden feststellen, dass viele von ihnen in einer Wechselbeziehung stehen. Bei der Anwendung von Hack Nummer 24 ist es zum Beispiel sehr gut möglich, dass wir damit automatisch den einen oder anderen Hack mit befolgen.

Lass uns in diesem Sinne verwegen mit Hack 16 weitermachen: Lady Pecunia bevorzugt die Verwegenen. Geld reagiert sehr gut auf verwegene Absichten und kühne Visionen. Bestimmt hast Du bereits bemerkt, dass Lady Pecunia auch eine abenteuerlustige Seite hat. Welche Diva langweilt sich schon gerne? Wenn wir eine beherzte, wagemutige Vision haben, wenn wir etwas machen, was jenseits dessen ist, was andere für möglich halten, findet die Lady das sehr spannend.

Hast Du eine so verwegene Vision, dass die Menschen in Deinem Umfeld kopfschüttelnd sagen: »Ey, das ist ja so bescheuert, das geht gar nicht!«?

Vergegenwärtigen wir uns große Massenbewegungen, großartige Ideen, die um die Welt gingen, riesige Unternehmen, die »auf dem Küchentisch« oder »in der Garage« starteten, dann hatten sie alle eines gemeinsam: Sie beruhten auf einer Vision. Sie hatten eine Bestimmung. Und sie wurden von »etwas« angetrieben, das mehr ist als einfach nur Geld.

Müßig zu wiederholen, dass Visionäre auch Geld verdienen müssen, das ist gar keine Frage; aber sie ziehen ihr Projekt nicht wegen des Geldes durch. Sie würden es vielleicht nicht ohne Geld tun, sie könnten es nicht ohne Geld tun, aber sie tun es nicht wegen des Geldes, sondern weil sie von einer Mission angetrieben werden, die größer ist als sie selbst. Von einer Idee oder auch von der Besessenheit, ein Problem zu lösen, das womöglich die ganze Menschheit betrifft.

Die Firma Tesla ist ein gutes Beispiel dafür. Als das erste Tesla-Elektroauto auf den Markt kam, war es eine absolute Nischenidee. Ich verfolgte damals den Aufstieg von Tesla mit allergrößtem Interesse. Gut kann ich mich daran erinnern, wie der Ferrari-Chef nach einem Wettrennen zwischen einem Ferrari und einem Tesla im Silicon Valley beleidigt und kommentarlos wieder abzog: Dieser kleine Flitzer mit Elektromotor hatte den schnellsten Ferrari bei einem Beschleunigungstest einfach hinter sich gelassen.

Inzwischen investieren die etablierten Automobilkonzerne immer mehr in die Elektromobilität. Selbst wenn die Firma Tesla durch Fehler, die der Investor Elon Musk im Management begeht, Lady Pecunia vergraulen sollte, hat seine verwegene Idee die Automobilindustrie für immer verändert. Es war waghalsig und kühn, die Großen herauszufordern.

Fassen wir zusammen:
Deine Idee muss so verwegen und gleichzeitig einleuchtend sein, dass andere Menschen spontan begreifen, was Sache ist.

Geld bevorzugt die Verwegenen. Menschen sprechen auf fantastische Ideen abseits der 08/15-Lösungen an, und das Geld folgt. Die große Werbelegende David Ogilvy (1911–1999) stellte immer folgende Frage: »Where's the big idea? Wo ist die große Idee?«

Zu verwegenen Ideen gehören im Übrigen verwegene Versprechen. Für mein Seminar »Die Reichtumshacks in Action« gebe ich in diesem Sinne ein verwegenes Versprechen. Es gibt nicht nur eine Geld-zurück-Garantie, sondern darüber hinaus eine »Aus-dem-Fenster-lehn-Garantie«: Solltest Du innerhalb von 90 Tagen keine wünschenswerten Resultate erzielen, erhältst Du nicht nur Dein Geld zurück, sondern ich lege noch 1000 Euro aus meiner eigenen Tasche obendrauf.

Erst wenn Du solche verwegenen Versprechungen machst, verwegene Garantien gibst, werden verwegene Veränderungen möglich. Wenn man als Schwerkranker noch nicht bereit ist, diese Welt zu verlassen, was wäre einem an dieser Stelle lieber: ein Arzt, der »reinen Wein einschenkt« und sagt: »Sie haben noch maximal drei Wochen zu leben«, oder einer, der sagt: »Ich bin zwar an einem Punkt mit Ihnen, wo ich selber nicht mehr weiterweiß, aber der Kollege XY hat mit seiner speziellen Therapie in einer ähnlich aussichtslosen Situation bereits Erfolg gehabt«? Er stellt eine Überweisung zu diesem Spezialisten aus, und dieser macht die verwegene Versprechung: »Okay, wir können das lösen, wenn wir zusammenarbeiten. Sie dürfen drei Wochen lang nur noch dies und das essen, müssen das und das machen, dann könnten wir es schaffen.«

Das Verrückte ist: Menschen aus meinem weiteren Bekanntenkreis waren tatsächlich bei Heilern, die verwegene Versprechungen gemacht haben. Und diese Versprechungen wurden Wirklichkeit!

Wird jede verwegene Versprechung erfüllt? Nein. Aber selbst die weniger verwegenen Versprechungen, auch die »Schuster-bleib-bei-deinen-Leisten-Versprechungen«, werden nicht immer eingehalten.

Wenn Du die Welt verändern willst, heißt es: »All in! Voller Einsatz!« Denn Lady Pecunia tickt genauso: Sie respektiert keine halben Versprechungen. Sie möchte, dass Du groß rauskommst und so richtig erfolgreich bist. Wenn Du dies aber nicht willst, wirst Du weiterhin in Deinem dunklen Versteck bleiben müssen. Für die Lady gibt es nur schwarz *oder* weiß, heiß *oder* kalt. Sie mag es weder grau noch lauwarm. Sie mag Dramen.

Natürlich kannst Du Deine Verwegenheit auch weiterhin verstecken. Kein Problem – vorausgesetzt, Du machst Dir nichts aus Geld.

Oft sind wir in einem überrationalen Zustand, den ich den »Buchhalter-Modus« nenne. Wir scheuen uns manchmal, wirklich große Versprechungen zu machen. Meist schrecken wir davor zurück, Behauptungen aufzustellen, die etwas größer sind.

Viele meiner Klienten sagen an dieser Stelle: »Ich glaube, ich habe mich in der Vergangenheit nicht getraut, viel zu versprechen, aus Angst, mich damit überfordert zu fühlen.« Ja, das ist ein wichtiger Punkt. Denn es gibt das Konzept der selbsterfüllenden Prophezeiung. Als selbsterfüllende Prophezeiung bezeichnen wir eine Aussage über die Zukunft, und die Zukunft arrangiert es dann so, dass diese zukunftsbezogene Aussage tatsächlich in Erfüllung geht.

Die große Rätselfrage lautet nun: War die Prophezeiung richtig? Hatte ich damals eine prophetische Vorausschau? Oder – und das meinen die Psychologen heute bevorzugt – liegt es daran, dass die Prophezeiung eine quasi hypnotische Trance hervorgerufen hat, welche den Empfänger der Prophezeiung *unbewusst* dazu gebracht hat, das Prophezeite in die Wirklichkeit zu bringen? Ich meine, an der These ist sehr viel dran.

Im Rahmen eines sehr interessanten Experiments wurden einzelne Schüler, deren Leistungen eher mangelhaft und ungenügend waren, in eine andere Schule, zu unbekannten Lehrern geschickt. Die Lehrer wurden nicht über den schlechten Notenstand der Schüler informiert. Stattdessen wurde ihnen explizit gesagt: »Nächste Woche kommt in Ihre Klasse ein Hochbegabter. Dieser Schüler ist sehr gut. Er hatte leider starke familiäre Probleme, deshalb sollten Sie sich besonders intensiv um ihn kümmern. Schauen Sie bitte, dass Sie ihn ausreichend fördern.« Was meinst Du, was passierte? Die (hier verzeihliche) Fehlinformation »programmierte« alles um, sodass aus diesen leistungsschwachen Schülern sehr gute wurden.

Wie sieht es nun mit Deiner sehr großen, verwegenen Versprechung aus? Wenn Du es psychologisch betrachtest: Wird es etwas sein, das darin mündet, dass Du schlechter wirst? Oder kann es dazu führen, dass Du noch besser wirst und dass sich das Versprochene dank der Psychologie der selbsterfüllenden Prophezeiung tatsächlich erfüllen wird? Mit einem verwegenen Versprechen machst Du im Grunde eine selbsterfüllende Prophezeiung über Dich selbst! Und indem Du diese Prophezeiung immer und immer wieder wiederholst, programmierst Du Dein Unterbewusstsein darauf, sie tatsächlich zu erfüllen.

Natürlich muss es etwas sein, was innerhalb Deiner Möglichkeiten liegt. Soll heißen, dass ich, Alexander Mark, jetzt nicht versprechen kann, als Balletttänzer zum Stuttgarter Staatstheater zu gehen. Auch kann ich nicht versprechen, dass ich die neue Sturmspitze der deutschen Nationalmannschaft werde. Das liegt außerhalb meiner Möglichkeiten. Aber wenn Dein Versprechen innerhalb Deiner Nische, innerhalb Deiner Tätigkeit, innerhalb Deiner Expertise liegt – warum nicht verwegen denken? Warum nicht in eine Richtung denken, die weit jenseits von allem ist, was Du bisher erreicht und gemacht hast?

----

17. DER SPEED-HACK

**Lady Pecunia liebt es rasant;
sie steht auf Geschwindigkeit.**

Perfektionisten, aufgepasst! Die meisten Ideen sterben bereits, bevor sie voll ausgereift sind. Aber um Geld anzuziehen, müssen wir unser Vorhaben in Bewegung bringen, und zwar bevor wir fertig sind, bevor wir all die Antworten auf unsere Fragen gefunden haben und bevor wir Ressourcen aufgetrieben haben. Der beste Weg, um zum Beispiel ein Seminar zu kreieren, sieht so aus: Hotel buchen und die Anzahlung sofort tätigen!

Warum? Weil wir jetzt das Seminar fertig vorbereiten und genügend Teilnehmende finden müssen. Das heißt, wir schmeißen den Hut über den Zaun und müssen selber drüberspringen. Geld liebt es rasant. Vorwärtsbewegung zieht Ressourcen an. Vorwärtsbewegung findet Antworten. Vorwärtsbewegung kreiert Wohlstand.

Wäre es aber nicht doch schön, wenn man die anstehenden Aufgaben der Reihe nach, eine nach der andern, erledigen könnte? Nein, das geht nicht, es funktioniert einfach nicht. Ein Diamant entsteht unter Druck, und auch wir benötigen diesen Druck; das bedeutet für uns: gleichzeitige massive Handlungen. Das Leben funktioniert nicht linear, eins nach dem andern. Meistens passiert alles auf einmal.

Wenn Du in Bewegung kommst, ziehst Du Ressourcen an. Wenn Du in Bewegung kommst, stellen sich Fragen, und automatisch erscheinen die Antworten. Es ist Vorwärtsbewegung, die Wohlstand kreiert. Und es ist Stillstand, der Wohlstand vernichtet. Alles fein der Reihe nach zu machen …, so ist das Leben nicht. Im Leben passiert enorm viel gleichzeitig und auf verschiedenen Ebenen. Es scheint eine Tatsache zu sein, dass Lady Pecunia sich zu Geschwindigkeit hingezogen fühlt und sogar einen Zustand erbarmungsloser Dringlichkeit verlockend findet.

Die meisten Menschen haben das Problem, dass ihnen das Gefühl für Dringlichkeit fehlt. Sobald wir Dringlichkeit nicht mehr als Stress sehen, sondern als ruppig-sanfte »Geburtshilfe« des Universums, die uns zwingt, das Anstehende jetzt zu erledigen, schaffen wir die unglaublichsten Werke. Wenn Du schnell zu Wohlstand kommen willst, musst Du die Theoriephase radikal abkürzen.

Natürlich meine ich damit nicht die Versprechungen der »Werde-schnell-reich«-Systeme. Hast Du in all den Jahren auf diesem Planeten Erde irgendetwas gemeistert, worin Du gut geworden bist? Gibt es etwas, worin Du richtig gut bist, weil Du Deine Übungsstunden bereits absolviert hast? Würdest Du jetzt die richtige Nische, den richtigen Weg, das richtige Angebot finden oder das richtige Problem entdecken, das es zu lösen gilt: Kannst Du Dir vorstellen, innerhalb kürzester Zeit diesen Markt zu bedienen, mithilfe Deiner Expertise, Deiner Fähigkeiten und Kenntnisse, Deines Know-how und der Erfahrung, die Du in all den Jahren auf diesem Planeten Erde bereits erlangt hast? Das gehört bestimmt nicht in die Kategorie »Ich werde schnell reich«.

Die Kategorie »Ich ernte schnell, bevor der Regen kommt« kennst Du bestimmt und hast wahrscheinlich bereits Erfahrung damit gemacht. Jeder Landwirt handelt danach. Sobald das Heu nach einigen Schönwettertagen trocken ist, wird es schnellstens in die Lagerhallen gebracht, womöglich sogar nachts mit Flutlicht, denn man weiß nicht, wann der nächste Regen kommt.

Geld liebt es rasant. Lady Pecunia steht auf Geschwindigkeit. Mit dem, was Du Dir bereits angeeignet hast, kannst Du schneller und sicherer reich werden als mit irgendwelchen »Werde-schnell-reich«-Systemen. Durch die Kombination Deines bereits gespeicherten und abrufbaren Wissens und dem, was Du hier in diesem Buch lernst, wird es nicht mehr lange dauern, bis Lady Pecunia Dich entdeckt hat.

Glaubst Du, dass Du noch Zeit brauchst? Meinst Du, Du könntest es Dir leisten, gemütlich zum Erfolg zu bummeln? Schau Dir Deine jetzigen Resultate an … Schau Dir Dein Leben an und Du wirst entdecken, dass Du einen höheren Bedarf an Dringlichkeit und Tempo hast. Denn Du musst Fahrt aufnehmen, Du musst Momentum – Kraft und Tempo – gewinnen.

Stell Dir vor, eine Dampflok steht im Bahnhof, und vor ihr liegt ein Keil auf den Gleisen. Der Lokführer hat den Kessel unter Dampf gebracht und versucht die Lokomotive in Bewegung zu setzen. Selbst mit voller Dampfkraft schafft es diese Lokomotive nicht, den Keil vor ihren Rädern zu überwinden. Okay, und jetzt stell Dir vor, die Dampflok rast mit 150 km/h durch die Gegend …, und ein massiver Eichenschrank liegt auf den Gleisen. Würde er die Dampflok aufhalten? Nein, der Schrank würde in tausend Teile zersplittern, während die Lok einfach weiterfährt. Ist dieser massive Eichenschrank größer als der Keil? Absolut. Was ist der Unterschied? Die Geschwindigkeit der Lok, das Momentum!

Du brauchst Momentum! Das größte Hindernis, das oft wie ein kleiner Keil vor unseren Rädern liegt, ist unser Zögern. Wir fahren nicht los. Wir brauchen Dringlichkeit, denn erst dann stellt sich Momentum ein. Dank Momentum sind wir in der Lage, mehr oder weniger jedes Hindernis zu beseitigen. Bei manchen Hindernissen werden wir nicht einmal bemerken, dass sie durch das Momentum einfach aus dem Weg geräumt wurden.

18. DER SPONTANITÄTS-HACK

Lady Pecunia ist freudig erregt, wenn Du entscheidungsfreudige Handlungen unternimmst. Sie liebt es, wenn Du nicht lange fackelst.

Der sehr beliebte frühere CEO von Ford, Lee Iacocca, wurde von einem Arbeiter in der Fabrik angesprochen: »Hey Lee, dieses Auto wäre wirklich ein Super-Cabriolet.« Was machte Iacocca daraufhin? Er zögerte nicht lange, winkte jemanden herbei, sagte: »Bring mir mal einen Schneidbrenner!«, und entfernte das Dach. Das nenne ich mal entscheidungsfreudige Handlungen. Nicht erst Komitees einberufen, keine Arbeitsgruppen, keine Rechnerei, kein technischer Schnickschnack, nichts.

So etwas sieht man nicht oft, aber wenn, wird man Zeuge, wie jemand eine ganze Menge Geld anzieht. Das bedeutet natürlich nicht, dass man keine Fehler macht – Fehler sind unvermeidlich. Doch mehr als genug Geld zu besitzen, macht es sehr viel leichter, mit Fehlern umzugehen.

Mir scheint, wir sind inzwischen in einer Kultur angelangt, in der eine regelrechte Angst vor Fehlern herrscht. Ein Phänomen, das sich – so glaube ich – vor allem auch im Management größerer Firmen immer mehr verbreitet. Statt Visionen zu haben, statt Entscheidungsfreude an den Tag zu legen, hält man am Alten – am Status quo – fest. Bloß keine Fehler machen! Denn wenn man einen Fehler macht, bekommt man Ärger. Wenn man Top-Manager ist, bekommt man schlechte Presse. Eventuell verliert man sogar seinen Job. Bloß keine Fehler!

Ich aber meine, der größte Fehler, den man machen kann, ist es, keine Fehler mehr zu machen. Denn dies würde bedeuten, dass man nicht mehr wächst. Es würde auch bedeuten, dass man sich nur noch in seinem Status quo bewegt, in seiner Komfortzone, und nichts Neues mehr wagt.

Unserer Welt täte es sehr gut, wenn es wieder mehr Wagemutige gäbe, die das größere Ganze im Blick haben. Menschen, die bereit sind, Fehler zu machen. Würden diese Leute in der öffentlichen Wahrnehmung nicht als Vollidioten verurteilt, sondern gefeiert – als Visionäre, die auch zugunsten einer Gemeinschaft die nötige Risikobereitschaft beweisen –, wäre unsere Welt viel bunter und reicher.

Jeder kennt natürlich das iPhone. Den wenigsten ist aber bekannt, dass der Vorgänger des iPhones, den damals Steve Jobs entwickelte, ein Flop war. Es war ein Riesenflop, ein Riesenfehler. Mir ist nicht bekannt, wie viele Milliarden Dollar er gekostet hat. Aber ohne ihn gäbe es jetzt nicht *das* iPhone, das für immer die Art verändert hat, wie wir heute kommunizieren.

General Norman Schwarzkopf war der Oberbefehlshaber im ersten Golfkrieg. Auch wenn ich damals als 19-Jähriger gegen diesen Krieg demonstriert habe, anerkenne ich, dass der General etwas sehr Wichtiges gesagt hat: »Mir ist es lieber, wenn jeder in die falsche Richtung marschiert, als wenn gar nicht marschiert wird. Denn es ist sehr viel leichter, sie wieder in die andere Richtung marschieren zu lassen, als sie überhaupt erst in Bewegung zu bringen.« Da ist wirklich etwas dran.

Übertragen wir dies auf unser Leben: Es ist besser, wenn wir in die falsche Richtung marschieren, als wenn wir gar nicht losgehen … Marschieren ist somit besser, als wenn wir nur herumsitzen und darüber brüten, ob wir uns jetzt in Gang setzen sollten oder nicht. Denn: Es wird leichter, wenn wir schon einmal in Bewegung sind.

Natürlich benötigen wir die geistige Flexibilität, um zu bemerken, wann wir in eine Sackgasse geraten und umkehren sollten, statt zu denken: »Oh, ich habe doch schon so viel Zeit und Energie investiert, ich sollte weiter in diese Richtung gehen, denn wenn ich nicht weitergehe, ist die ganze Wegstrecke, die ich bisher zurückgelegt habe, umsonst gewesen.«

Wenn Du aber flexibel bist und immer wieder zu einer Umkehr bereit bist, hast Du die Bewegungsenergie, den Schwung schon aktiviert. Also lieber in die falsche Richtung marschieren als gar nicht. Und wenn Du bemerkst, dass Du in die falsche Richtung gehst, nimm den Schwung, den Du hast, und – zack – kehre einfach um.

Lady Pecunia fühlt sich zu Bewegung und Handlung hingezogen. Sie wendet sich von denen ab, die planen, abwägen, organisieren und warten. Ich meine damit nicht, man solle nicht planen, abwägen, organisieren und warten; dies ist alles wichtig. Aber es ist ein anderes Thema.

Mit einer halb ausgekochten Idee in Bewegung zu kommen, ist besser, als darauf zu warten, bis die Idee in allen Details durchgeplant ist. Bis alles bis ins Letzte ausgeklügelt wurde, ist es in den allermeisten Fällen bereits zu spät. Und letztendlich erhalten wir eine Rückmeldung erst dadurch, dass wir in Bewegung sind. Wir können nicht *alles* im Voraus planen, nur teilweise. Aber dann wird es Zeit, sich in Bewegung zu setzen und immer wieder zu prüfen: »Gehe ich noch in die richtige Richtung? Kann ich etwas optimieren?« Momentum ist der springende Punkt.

Vielleicht begründest Du Deine Zögerlichkeit damit, dass Du sagst: »Ich habe noch nicht genug Daten zusammengetragen, ich kann noch keine Entscheidung treffen, weil ich noch nicht genug darüber weiß.« Oder vielleicht hast Du die Neigung entwickelt, wichtige Entscheidungen anderen zuzuschieben, obwohl es in Wahrheit Deine eigene Verantwortung wäre. Jetzt weißt Du, dass Lady Pecunia auf so etwas nicht steht. Schnapp Dir den Schneidbrenner und fang an!

---

19. DER GOTTVERTRAUEN-HACK

Lady Pecunia liebt es, wenn Du cool und entspannt, aber nicht respektlos bist.

»Positive Einstellung« – das Thema füllt mehrere Regalmeter mit Büchern und bildet immer wieder den Gesprächsstoff. Es ist ein wichtiges Thema – auch in Bezug auf Geld. Noch viel wichtiger ist aber die Entwicklung einer authentischen Erwartungshaltung.

Du kennst inzwischen meine Überzeugung: Wenn Du eine angespannte Beziehung zu Geld hast, wird Lady Pecunia Dich entweder ignorieren oder Dir sogar übel mitspielen. Wenn Du das umsetzt, was in diesem Buch zusammengetragen wurde, wirst Du nicht daran vorbeikommen, eine positive Erwartungshaltung gegenüber dem Geld zu entwickeln. Eine Erwartungshaltung, die authentisch ist, keine, die aus dem Mangel, aus der Not heraus geboren wurde. Lady Pecunia ist zugänglich und freundlich zu denjenigen, die nicht verkrampft, sondern locker sind.

Eine authentische Erwartungshaltung ist nicht zu verwechseln mit grundlosem Optimismus oder positivem Denken. Je verspannter Du aber mit Geld umgehst, desto weniger wirst Du in der Regel davon erhalten.

Ein gutes Selbstbewusstsein gehört zu unseren wichtigsten Schätzen. Auch das Selbstvertrauen in die eigenen Fähigkeiten ist äußerst bedeutend. Haben wir nicht bereits genügend Zeit auf dieser Erde verbracht und genügend Erfahrungen gesammelt? Ist das, was wir können, nicht genug, um ein gutes Selbstwertgefühl zu haben? Du hast bereits alles, was Du brauchst, um erfolgreich zu sein! Du bist jetzt schon in der Lage, einer Menge Menschen zu helfen, ihre Probleme zu lösen. Und Du hast allen Grund, selbstbewusst zu sein. Wenn Du auf der Grundlage dieses Selbstbewusstseins die positive und authentische Erwartungshaltung entwickelst, dass Du damit auch Geld verdienen kannst, wird dieses Geld zu Dir kommen.

Ich persönlich bin ein riesengroßer Fan von Affirmationen. Aber auch ein riesengroßer Fan des Selbstbewusstseins. Nicht umsonst sage ich am Ende eines jeden Webinars: »Und denke immer daran, Du hast unendliches Potenzial.«

Ja, ich glaube an Dein Potenzial. Doch niemand kann Geschäfte mit Deinem Pozential abschließen. Potenzial ist nicht konkret. Es muss erst in der Realität entwickelt und eingesetzt werden.

Angenommen, wir sind im Vertrieb tätig. Wir sitzen mit unserem unendlichen Potenzial und unserer positiven Ausstrahlung da und warten nur darauf, dass jemand anruft, um eine Verkaufspräsentation von uns zu erhalten. In diesem Fall hätten wir allerdings keinerlei Grund für eine positive Erwartungshaltung, denn es ist sehr unwahrscheinlich, dass jemand anruft, wenn wir nicht im Vorfeld entsprechend tätig geworden sind. Hätten wir uns aber andererseits um Präsentationstermine gekümmert und acht Termine vereinbart, mit Menschen, die großes Interesse an unserem Produkt oder unserer Dienstleistung haben, hätten wir allen Grund für eine positive Erwartungshaltung. Außerdem wissen wir bereits, dass wir Umsatz machen werden. So an die Sache heranzugehen, ist eine entspannte, aber eben keine respektlose Einstellung gegenüber dem Geld.

Lady Pecunia fühlt sich von einer entspannten, aber nicht indifferenten, also einer nicht gleichgültigen Einstellung angezogen. Sie empfindet Indifferenz als respektlos, also ist sie beleidigt.

Wenn Du in Deiner Erwartungshaltung, aufgrund Deines Selbstvertrauens und Deines Selbstwertgefühls authentisch und auf dieser Basis entspannt bist, fühlt sich Lady Pecunia zu Dir hingezogen.

20. DER DISZIPLIN-HACK

Lady Pecunia liebt Menschen mit Disziplin.
Sie wird von Disziplin angezogen.

Selbst auferlegte Disziplin ist maßgebend für den Erfolg. Sobald Lady Pecunia auf eine undisziplinierte Person trifft, verweigert sie ihr Vertrauen. Dann wird Lady Pecunia dem Betreffenden nicht viel Kostbares anvertrauen.

Geschäftsmöglichkeiten, Ideen, Reichtum, all das ist sehr zerbrechlich, wenn es in die falschen Hände gerät. Man braucht Disziplin. Das ist wirklich eine der wichtigsten Faktoren des Erfolges.

Im Hinblick auf undisziplinierte Menschen sollten wir es im Grunde so machen wie Lady Pecunia: Wenn jemand sich selbst nicht organisieren und strukturieren kann, wie soll er dann etwas anderes, Fremdes verwalten und managen können? Lady Pecunia verlässt Menschen, die gedanklich oder strukturell undiszipliniert sind, sehr schnell, ohne sich auch nur umzudrehen.

Das Wort »Disziplin« kommt aus dem Lateinischen; *discipulus* heißt »Schüler«. Man versteht darunter jemanden, der immer wieder bescheiden von sich behauptet, er müsse noch lernen, sich weiterhin disziplinieren. Im japanischen Konzept des *Dô,* des Weges, kommt das sehr schön heraus: Egal, welche Stufe von Meisterschaft erreicht wurde – der *Dôka* geht diszipliniert seinen Weg und ist immer bereit zu lernen. Er gelangt niemals an den Punkt, von sich selber zu sagen, er brauche diese Disziplin nicht mehr.

Lady Pecunia verlässt undisziplinierte Umgebungen und undisziplinierte Personen, so schnell sie kann. Wichtig ist, dass Deine Disziplin einem eigenen, inneren Antrieb entstammt und Du die Disziplin nicht deshalb lebst, weil sie Dir von außen auferlegt wird. Du musst für Dich selbst, aus eigenem Antrieb eine starke Disziplin entwickeln, bis sie zu einem festen Bestandteil Deiner Persönlichkeit geworden ist.

Immanuel Kant sagte: »Freiheit ist Einsicht in die Notwendigkeit.« Genau das bedeutet Disziplin für mich. Nicht von außen aufgezwungen, sondern aus der Einsicht in die Notwendigkeit. Dann gewinne ich wie nebenbei auch den Blick dafür, was als Nächstes gemacht werden muss. Dies macht mich frei, »Ja« zu sagen – auch zu meinen Pflichten. »Ja« zu den Aufgaben zu sagen, die zu meinem Unternehmen gehören, aber nicht immer »sexy« sind.

21. DER FRUCHTBARKEITS-HACK

Geld schätzt es, gepflanzt zu werden und gedeihen zu können.

Geld mag es, »eingepflanzt« zu werden. Es geht natürlich nicht darum, dass wir 100-Euro-Scheine in der Erde vergraben, in der Hoffnung, dass ein großer Strauch mit Geld wächst. Trotzdem finde ich die Metapher gut. Geld sollte man säen bzw. anpflanzen, damit es wachsen kann. Geld mag es nicht, einfach zu kommen und wieder zu gehen. Hier gilt es vielmehr, dauerhafte Einkommensströme zu erschaffen, statt nur irgendwie einmalige oder kurzfristige Einnahmen zu generieren. Lady Pecunia findet es ganz besonders sexy, wenn für eine geleistete Arbeit wieder und immer wieder bezahlt wird.

In der traditionellen Arbeitswelt wird Arbeitszeit gegen Geld getauscht. Je qualifizierter man ist und je kleiner die Anzahl von Menschen ist, die genau diese Arbeit machen können, desto höher wird die betreffende Arbeitszeit honoriert. Als Angestellter hat man einen Stundenlohn: Man arbeitet eine Stunde und wird dafür einmal entlohnt. Die nächste Bezahlung bekommt man in der Regel erst für die nächste geleistete Stunde.

Das Gleiche gilt für die meisten freiberuflichen Tätigkeiten: Man wird einmal für seine Arbeit bezahlt. Wer mehr verdienen möchte, muss mehr arbeiten. Oder man erhöht das Honorar – aber das kann man nicht unbegrenzt über die Schmerzgrenze des Auftraggebers hinaus tun.

Diese Form der Arbeit ist suboptimal. Als Paartherapeut bekam ich pro Stunde, die ich gab, ein Honorar. Ich konnte fünf Stunden am Tag geben, fünf Tage in der Woche. Ich habe besser verdient als der Durchschnitt, hatte aber nur zwei Möglichkeiten, um mehr Geld verdienen zu können: Entweder ich erhöhte mein Honorar oder ich arbeitete mehr Stunden in der Woche. Beides habe ich getan. Aber irgendwann ist dem ein natürliches Ende gesetzt.

Mein Mentor Tom fragte mich im Jahr 2010: »Alexander, wie oft wirst du für deine Arbeit bezahlt?«
Ich fragte nach: »Wie meinst du das? Natürlich *ein* Mal – na ja, und oft genug auch gar nicht …«
Tom sagte daraufhin: »Sorge in Zukunft dafür, dass du für deine Arbeit nicht nur ein Mal bezahlt wirst.«

Wie sieht es bei Dir aus? Arbeitest Du, indem Du Deine Zeit gegen Geld tauschst? Wenn ja, verdienst Du an Deiner Arbeit genau ein einziges Mal. Bei einem Experten, Investor oder Unternehmer ist das im Idealfall völlig anders: Sie werden für ihre Arbeit vielfach bezahlt; oft erhalten sie für eine einmal geleistete Arbeit ein Leben lang Geld; sogar ihre Erben können noch davon profitieren.

Es geht darum, ein System zu finden, mit dem Du ein Vielfaches verdienen kannst – und so etwas existiert bereits in vielen Bereichen. Hier einige Beispiele und Möglichkeiten:

> Investoren verdienen an einem investierten Euro
> immer wieder
> Komponisten, Liedschreiber, Sänger, Musiker
> erhalten Tantiemen
> Autoren bekommen Honorare
> Marketing-Berater können am Umsatz beteiligt werden
> Eigentümer von Immobilien haben Mieteinnahmen
> Besitzer von Mailing-Listen vermieten diese

> Vertriebsleute sichern sich ein passives Einkommen
> Erfinder mit angemeldetem Patent bekommen
  z. B. Lizenzgebühren
> Schauspieler erhalten Umsatzbeteiligungen
> Erfinder von Spielen werden mit Honoraren entlohnt
> Unternehmer sind auf Gewinne aus
> Franchise-Geber erhalten Franchise-Gebühren
> Programmierer erhalten vereinbarte Beteiligungen

Im Informationszeitalter müssen wir nicht länger Zeit gegen Geld tauschen. Wir können Ideen gegen Geld tauschen und so immer wieder verdienen – ohne neuen Zeiteinsatz. Wir leben in einer privilegierten Zeit: Wir können so vieles entdecken, was unseren Vorfahren verwehrt war.

Der römische Kaiser Marc Aurel (121–180 n. Chr.), der auch ein bedeutender Philosoph war, sagte:

»**D**ie wahre Entdeckungsreise besteht nicht darin, dass man neue Landschaften sieht, sondern dass man mit neuen Augen sieht.«

Wir können diese Entdeckungsreise machen. Wir können nach und nach die neuen Möglichkeiten entdecken, die die neue Zeit für uns bereithält – ganz einfach, weil wir beschließen, es zu tun.

Uns stehen alle Möglichkeiten offen – zu allen Themen können wir Informationen erhalten. Niemals zuvor war es so leicht, sich zu verwirklichen, wie heute. Die große Frage aber ist: Was machen wir daraus? Nutzen wir unsere Chance? Nutzt Du diese Chance? Schöpfst Du sie bereits voll aus – oder geht da noch mehr?

22. DER MULTIPLIKATOR-HACK

**Lady Pecunia liebt Beziehungen –
je mehr, desto besser.**

Beziehungen kontrollieren den Geldfluss. Reiche Unternehmer*innen investieren so viel in die Pflege und Stärkung von Beziehungen, wie sie in die Verbesserung von Zielen und Kompetenzen investieren.

Schauen wir uns einige wichtige Fakten an, damit wir besser einschätzen können, wie wichtig der Faktor »Beziehungen« wirklich ist. Bisher drehte sich ja alles eher um unsere eigene Beziehung zu Lady Pecunia, dem Geld. Aber für unsere Beziehung zu Geld ist es auch wichtig, dass wir zwischenmenschliche Beziehungen pflegen. Denn Beziehungen kontrollieren den zu uns kommenden Geldfluss stärker als unsere Kernkompetenzen und sogar noch stärker als die Ergebnisse, die wir erzielen.

Geld fließt in Richtung jener Unternehmer*innen, die sich darauf konzentrieren, großartige Beziehungen zu ihren Zielgruppen aufzubauen. Strategisch noch günstiger wäre jedoch, großartige Beziehungen zu denen aufzubauen, die bereits einen großen Einfluss auf unsere Zielgruppe haben.

Stellen wir uns einmal vor, wir wären gut mit einer bestimmten Person vernetzt: Wir wissen, dass sie einen großen Einfluss auf Menschen mit einem speziellen Problem hat, welches wir mit Leichtigkeit lösen können.

Nehmen wir beispielsweise an, Du bist ein/e Heilpraktiker*in und kennst eine Lungenfachärztin, die sehr viele COPD-Patienten hat: Die Betroffenen sollten dringend mit dem Rauchen aufhören – und mit Leichtigkeit könntest Du ihnen helfen, rauchfrei zu werden.

Wäre dies für die Lungenfachärztin interessant?
Wäre das für die COPD-Patienten interessant?
Wäre das für Dich interessant?

Die Zusammenhänge gehen hier über eine bloße »Win-win-Beziehung« hinaus: Hier liegt sogar ein »Win-win-win-Dreieck« vor. Ein Dreieck ist eine sehr stabile Form. Alle Beteiligten in diesem Dreieck hätten ein berechtigtes Interesse, das die Beziehung zueinander nähren und pflegen würde. Hier lohnt es sich wirklich, Zeit und Energie zu investieren!

Der Multiplikator-Hack bedeutet somit, dass wir Beziehungen zu einflussreichen Multiplikatoren anbahnen, aufbauen und kontinuierlich nähren müssen.

Einer meiner Mentoren, Jim Cathcart, lehrte mich, folgende wichtige Frage zu stellen: »Wer ist froh, mich zu kennen?«, anstatt zu fragen: »Wen kenne ich alles?«

Warum sind andere froh, Dich zu kennen? Gibt es Bereiche, in denen Du ihnen sensationell gut helfen konntest?

Um noch einmal auf das Beispiel mit der Lungenspezialistin zurückzukommen: Sie ist froh, Dich zu kennen, weil sie mit ihren Patienten nicht weiterkommt, solange sie mit dem Rauchen nicht aufhören. Und ganz wichtig: Du stehst nicht in Konkurrenz zu ihr. Denn Dein Angebot ist relevant wie auch komplementär.

Das Besondere am Multiplikator-Hack ist: Du musst nicht bei einer Person beginnen, die Du kennst, sondern kannst folgendermaßen vorgehen:

1. Schritt: Mit dem Problem anfangen, das Du lösen kannst (*hier:* Experte für Raucherentwöhnung sein).

2. Schritt: Mit den Menschen fortfahren, die dieses Problem haben (*hier:* für Abstinenz-willige Raucher*innen zur Verfügung stehen).

3. Schritt: Frag Dich, wer einen großen Einfluss auf viele der betreffenden Menschen hat (*hier:* die Lungenfachärztin).

4. Schritt: Frag Dich, wo Du solche »Multiplikatoren« findest.

5. Schritt: Baue zu ihnen Kontakt auf.

Zum Abschluss eine Mahnung von Lady Pecunia. Sie liebt zwar Beziehungen und Multiplikatoren – je mehr, desto besser. Aber Respekt und Wertschätzung gegenüber jeder Beziehung sind für sie unabdingbar. Niemand möchte nur als »Mittel zum Zweck« missbraucht werden!

---

23. DER WOHLTÄTER-HACK

Lady Pecunia liebt Menschen, die »intelligent großzügig« sind, und verachtet die »dumm großzügigen«.

Es gibt Menschen, die etwas erreichen wollen, eine Idee haben, eine Vision haben und aus dem, was man ihnen bietet, etwas machen können. Und dann gibt es jene Spezies, die unsere Großzügigkeit ausnutzen will, um selber nichts tun zu müssen. Im ersten Fall fühlen wir uns sehr wohl, wir haben ein warmes Gefühl und denken: »Ja, wir haben etwas gemacht und es hat etwas bewirkt!« Aber im zweiten Fall blcibt ein unangenehmes, schales Gefühl in der Magengegend, das uns anzeigt, dass wir nur ausgenutzt wurden. Das versteht man unter intelligenter bzw. dummer Großzügigkeit. Lady Pecunia kommt zu den Menschen mit intelligenter Großzügigkeit.

Schauen wir uns das Spenden von Geld einmal an. Es gibt sehr viele erstklassige Organisationen, die mit den großzügigen Spenden sehr intelligent umzugehen wissen. Inzwischen sind auch sehr gute Webseiten einsehbar, über die jeder die Effizienz selbst untersuchen kann: Ich meine damit, wie viel von jedem gespendeten Euro tatsächlich bei den Bedürftigen ankommt.

Einfach zu spenden, weil auf dem Plakat zwei süße braune Kinderaugen so lieb schauen, sollte heutzutage kein Kriterium mehr für eine Spende sein. Wer intelligente Großzügigkeit übt, recherchiert vor jeder Spende, wie effizient diese Organisation arbeitet.

Doch wie oft spenden wir Geld, um unser Gewissen reinzuwaschen? Gerade in der Weihnachtszeit wird sehr viel gespendet. Es erinnert ein bisschen an den Ablasshandel, gegen den Martin Luther vehement eintrat, als es hieß: »Sobald das Geld im Kässchen klingt, die Seele in den Himmel springt.« Geben infolge von »Höllenangst« ist nicht wirklich intelligent. Mit intelligenter Großzügigkeit strebt man es an, so viel wie möglich mit der Zuwendung zu bewirken. Und wenn man es sich leisten kann, auf intelligente Weise großzügig zu sein, zeigt man, dass man in der Fülle lebt.

Lady Pecunia fühlt sich zu den Menschen hingezogen, die so sehr in der Fülle leben, dass sie es sich leisten können, zu geben – und zwar nicht aus einem schlechten Gewissen heraus, sondern weil es zu ihrer wahren Natur gehört. Sie haben einen Riecher dafür, wo dieses Geld gut angelegt ist und wo es rausgeschmissen wäre.

Jetzt denkst Du vielleicht: »Das mag ja ganz nett sein, aber ich hab eh kein Geld übrig, um überhaupt etwas zu spenden.« Doch in der Übergangsphase, bis Du genügend Geld zur Verfügung hast, kannst Du auch Deine Zeit spenden! Du könntest jemandem eine Aufgabe abnehmen, die in Deiner Kernkompetenz liegt und für deren Erledigung der Empfänger Deiner Großzügigkeit sonst Geld bezahlen müsste. Du könntest Deine intelligente Großzügigkeit auch leben, indem Du Deine Kontakte für andere Menschen öffnest. Nach dem Motto: »Also, ich kenne da jemanden, der kann Dir weiterhelfen …«, oder: »Ich kenne da jemanden, der wahrscheinlich ein guter Kunde oder ein guter Multiplikator wäre …« Auch dies ist intelligente Großzügigkeit.

Je weiter Du in Richtung Wohlstand gehst, desto einfacher ist es wahrscheinlich, gezielt Geld zu spenden. Im Idealfall gibst Du regelmäßig einen bestimmten Prozentsatz des Geldes, das Du verdient hast.

In allen Kulturen bildet das großzügige Geben einen integralen Bestandteil. Im Islam ist das Almosengeben neben dem Gebet, der Pilgerfahrt nach Mekka, dem Glaubensbekenntnis und dem Fasten eine der fünf Säulen. Auch im Judentum ist das Gebot der Großzügigkeit verankert. Im Christentum gibt es das Gebot der Nächstenliebe. Ich weiß von keiner Religion, in der die Großzügigkeit keine zentrale Rolle spielt. Und: Keine Religion – nur die einen oder anderen ihrer bewusst oder unbewusst Missbrauch betreibenden Anhänger – ruft zu »dummer Großzügigkeit« auf.

Ich denke, dass sich das Großzügigkeitsgebot im Alltag durch die Erfahrungswissenschaft bestätigt. Du hast bestimmt schon die Erfahrung gemacht: Wenn Du etwas gibst, kommt letztendlich – manchmal auf wundersame Weise – etwas zu Dir zurück. Es ist eine Art von Säen: Was Du säst, wirst Du ernten.

Auf dem Weg nach oben wirst Du immer wieder auf die Großzügigkeit anderer Menschen angewiesen sein: Vielleicht auf Geld, um ein Projekt starten zu können oder um einen Engpass zu überwinden. Vielleicht auf die Erfahrung und Expertise, die jemand mit Dir teilt, Fach- und Erfahrungswissen, das Dir jemand zugänglich macht, oder auch Kontakte, die Dir jemand vermittelt.

Niemand gewinnt alleine! Auf dem Weg nach oben ist es wichtig, dass wir großzügig zu anderen sind und dass wir auch großzügig empfangen können.

Fassen wir zusammen:
Lady Pecunia mag keine Menschen, die auf dumme Weise großzügig sind. Natürlich mag sie erst recht niemanden, der Großzügigkeit ausnutzt. Denn diese Menschen sind nicht im Geldfluss. Wer Großzügigkeit ausnutzt und glaubt, andere auszunutzen sei der einzige Weg, um an Geld zu kommen, sieht die Lady allenfalls aus der Ferne, niemals dauerhaft in seiner Nähe.

Behalte in Erinnerung: Großzügigkeit darf niemals nur ein Mittel zum Zweck sein. Sprich: Du darfst nicht deshalb geben, weil Du erwartest, etwas zurückzubekommen! Das ist die allerdümmste Art von Großzügigkeit; in Wirklichkeit ist dies kleinlich. Und Kleinlichkeit wirkt als ein Dealbreaker für Lady Pecunia.

24. DER VAKUUM-HACK

Lady Pecunia liebt Menschen,
die mutig ein Vakuum erschaffen haben.

Wenn Du reich werden willst, musst Du Platz für Lady Pecunia in Deinem Leben schaffen. Du musst ein Vakuum erschaffen.

Dies gilt für alle Bereiche in unserem Leben. Wenn wir uns zum Beispiel von einem/einer Partner*in getrennt haben, aber innerlich an ihm/ihr festhalten – wie soll da jemand Neues in unser Leben kommen? Das funktioniert nicht. Festhalten bedeutet, emotional noch mit diesem Menschen verstrickt zu sein. Solange wir zum Beispiel beim Gedanken an ihn noch Gefühle von Ärger oder Wut, Enttäuschung, Trauer etc. spüren, sind wir innerlich an ihn gebunden. Ergo: Wir haben noch kein Vakuum für eine/n neue/n Partner*in geschaffen.

Das Gleiche gilt für unsere Wohnungseinrichtung, wenn wir mit ihr unzufrieden sind: Warum sollten schöne neue Möbel zu uns kommen, solange die alten noch in der Wohnung stehen?

Wenn wir darüber klagen, dass wir uns unfrei fühlen: Wie soll Freiheit zu uns kommen, solange wir an Überholtem festhalten? Warum halten wir sie überhaupt fest? Vielleicht, weil wir sie mehr mögen, als wir zugeben.

Warum bleibt eine Frau bei einem Mann, der sie unwürdig behandelt hat, statt ihn zum Teufel zu jagen und sich einen echten Prinzen zu suchen? Was in ihr hält an ihm fest? Eine Möglichkeit wäre eine Programmierung tief in ihrem Unterbewusstsein, die sie seit ihrer Kindheit in sich trägt, weil ihre Eltern sie bereits so behandelt haben. Das Gewohnte gibt Sicherheit – sogar dann, wenn es schlecht ist. Und deshalb »kann« man es einfach nicht loslassen.

So ist es auch mit dem Reichtum. Du musst Deine alte Programmierung loslassen. Löse Dich von der Armut! Frag Dich bitte: »Welchen Gewinn bringt mir Armut? Welchen Gewinn bringt es mir, nur knapp über die Runden zu kommen?« Höchstwahrscheinlich wirst Du auf diese Frage mit »Keinen!« antworten. Doch schauen wir uns die folgenden Beispiele an. Vielleicht findest Du Dich sogar in einem von ihnen wieder:

1. Beispiel

Eine Klientin wollte gerne wohlhabend werden. Dennoch hielt sie an ihrer Armut eisern fest.

In einer gemeinsamen Sitzung erarbeiteten wir, dass sie einen sekundären Gewinn davon hatte, als erwachsene und gut ausgebildete Frau gerade so über die Runden zu kommen. Jedes Mal, wenn sie auf ihren niedrigen Kontostand sah, sagte sie innerlich zu ihrem Vater, der sehr wohlhabend ist: »Siehst du, ich brauche doch noch deine Hilfe und Unterstützung.« Und da sie ihren Vater sehr liebte, war letztendlich die Armut für sie die ideale Möglichkeit, mit ihm in Kontakt zu bleiben – für immer. Ihre Angst war: »Wenn ich reich werde, verliere ich die Zuwendung meines Vaters.«

Dies ist ein leicht verständlicher sekundärer Gewinn. Doch Lady Pecunia hat auf komplizierte Verstrickungen einfach keine Lust. Erinnere Dich daran, dass sie eine Diva ist.

Erst als wir miteinander erarbeiteten, dass ihr Vater sie auch dann noch lieben würde, wenn sie wohlhabend wäre, konnte die Klientin dieses Muster loslassen und hatte somit ein Vakuum für Wohlstand in ihrem Leben geschaffen.

2. Beispiel

Ein Klient wollte bereits seit vielen Jahren wohlhabend werden. Er arbeitete hart daran, aber sooft er kurz vor dem Durchbruch stand, musste er wieder bei null beginnen. In unseren Sitzungen erarbeiteten wir, dass er sehr spirituell erzogen worden war. Im Grunde war er mit einer verhängnisvollen Wahlentscheidung aufgewachsen: »Entweder du wirst reich und dienst dem Teufel – oder du bleibst arm und dienst Jesus Christus.«

Da dieser Klient einerseits sehr gläubig war, andererseits aber den großen Wunsch hatte, wohlhabend zu werden, befand er sich in einem andauernden Konflikt. Er arbeitete hart, um vermögend zu werden, doch kurz vor dem Durchbruch verlor er wieder alles, weil er ja nicht dem Teufel, sondern Christus dienen wollte.

Doch Lady Pecunia ist weder der Teufel noch ein Engel; sie ist einfach Lady Pecunia.

Erst als wir diese Double-Bind-Situation gelöst hatten, war der Weg für seinen Durchbruch frei. Und der Reichtum stellte sich tatsächlich kurze Zeit später ein.

Für Dich bedeutet dies: Wenn Lady Pecunia sich in Deinem bisherigen Leben nicht wohlgefühlt hat, wieso sollte sie sich in Zukunft bei Dir einnisten, wenn Du nichts änderst? Wenn Du bisher nicht so wohlhabend bist, wie Du es gerne wärst, gibt es im Moment für Lady Pecunia keinen Platz in Deinem Leben. Du musst diesen Platz für sie erschaffen. Das heißt aber auch, dass Du Dich von allem lösen musst, was Dich festhält, damit Du ein Vakuum in Deinem Leben schaffen kannst.

Normalerweise gibt es in der Natur kein Vakuum. Das heißt: In dem Moment, in dem Du etwas aus Deinem Leben rausschmeißt, verlangt die Natur mit gesetzmäßiger Sicherheit nach etwas Neuem. Nur wenn Du jetzt einen Wächter vor das Vakuum stellst, der dafür sorgt, dass das Neue nicht wieder so wie das Alte wird, wirst Du für eine Weile ein Vakuum halten können. Doch dieses Vakuum auszuhalten, ist verflixt schwierig. Ohne Begleitung, zum Beispiel durch einen guten Coach, schaffen es die meisten nicht.

Du wirst das Vakuum aushalten müssen, beispielsweise eine Weile ohne Partner zu leben. Viele schaffen es nicht, alleine zu sein. Bevor Du Dich von etwas (oder jemandem) getrennt hast, mit dem es Dir nicht gut gegangen ist, hat dieses für Dich »Schlechte« immerhin das Vakuum ausgefüllt. Deshalb wagen viele nicht den Schritt der Trennung. Sobald Du Dich getrennt hast, wird Dein Leben erst einmal sehr leer sein. In dieser Anfangszeit der Leere sehnen wir uns nach dem Gewohnten.

Doch die Leere brauchst Du: Erst durch die Leere können neue Wünsche entstehen, die losgelöst sind von allem bisher Gewohnten.

Und aus diesen Wünschen entsteht mit der Zeit eine immer klarere Vision von etwas völlig Neuem, etwas Besserem. Das darf sich dann in Deinem Leben immer mehr manifestieren.

Lady Pecunia steht auf mutige Menschen, die diesen Schritt gehen und bereit sind, sich von allem zu lösen, um neu zu beginnen.

Angenommen, Du hast Deine Wohnung auf eine Weise eingerichtet, die Dir selbst nicht wirklich behagt; es ist halt praktisch, aber es klemmt am Geld für neue Möbel. Wenn Du jetzt alles Mögliche verschenkst, verramschst, rausschmeißt und Lady Pecunia in eine völlig leergeräumte Wohnung einlädst, wird sie staunen. Vor allem dann, wenn Du ihr erklärst: »Schau, Mylady, hier steht bald ein wunderbar gemütlicher orientalischer Divan; dort ein filigraner Louis-Quinze-Sekretär; da liegt ein fantastischer Perserteppich; hier an der Decke wird ein atemberaubend funkelnder Kronleuchter hängen, und in diesen beiden Ecken werden kleine, zierliche Jugendstil-Lampen ein geheimnisvolles Licht zaubern …«

Selbst wenn all das noch nicht da ist – Lady Pecunia findet Potenzial und neue Möglichkeiten viel verlockender als altes, abgewohntes Zeug.

Wer weiß, wenn Du Dich an die anderen Hacks hältst, vielleicht verhilft sie Dir, das zu bekommen, was Du Dir in der Tiefe Deines Herzens schon immer gewünscht hast, was aber jetzt erst, im Vakuum, in Dein Bewusstsein aufsteigen kann.

Teil 3:

Die Schlüssel

W»as auch immer zum Lob der Armut gesagt werden mag – die Tatsache bleibt, dass es nicht möglich ist, ein wirklich vollkommenes oder erfolgreiches Leben zu leben, es sei denn, man ist reich. Kein Mensch kann zu seinen höchstmöglichen Höhen seines Talents oder seiner Seelenentwicklung aufsteigen, es sei denn, er hat reichlich Geld; denn um seine Seele zu entfalten und Talent zu entwickeln, muss er viele Dinge zu seinem Gebrauch haben, und er kann diese Dinge nicht haben, es sei denn, er hat das Geld, sie zu kaufen.«

Wallace Wattles

Viel Geld besitzen und zugleich spirituell sein – ist das ein Widerspruch? Schaffen es deshalb viele spirituelle Menschen nicht, langfristig und dauerhaft mit dem Thema »Geld« glücklich zu sein?

Ich möchte hier die Frage aufwerfen: Ist es nicht viel eher ein Widerspruch, sich einerseits als spirituell anzusehen, aber andererseits finanziell im Mangel zu sein?

Bei meiner Arbeit begegne ich vielen, die von sich behaupten, schon seit vielen Jahren »auf dem Weg« zu sein. Andererseits ist Geld bei ihnen viel zu oft viel zu knapp. Und viel zu oft haben sie Probleme damit, dass andere Menschen für ihre Hilfe Geld verlangen.

Vor einiger Zeit hatte ich ein sehr interessantes Gespräch mit einer Heilpraktikerin, die sich für eines unserer Intensivtrainings interessierte. Sie fragte mich: »Alexander, warum verlangt ihr so viel Geld für eure Kurse?«
Ich erklärte ihr, dass es sehr viel Zeit brauche, diese Kurse zu entwickeln, und dass wir während dieser Zeit kein Geld verdienen könnten. Des Weiteren begleiten wir unsere Teilnehmer sehr gewissenhaft, und natürlich sei es auch wichtig, für seine Leistung eine Kompensation, einen Ausgleich, zu erhalten. Irgendwann sagte

ich zu ihr: »Also, wenn du teilnehmen willst, musst du auch etwas dafür bezahlen, das ist nur fair, oder?«

Sie nahm teil und bezahlte, aber sie sah es noch nicht wirklich ein.

In einem unserer nächsten Gespräche vis-à-vis fragte sie mich wieder: »Alexander, warum verlangt ihr so viel Geld für diese Kurse?« Ich erklärte ihr, dass diese Frage typisch sei für jemanden mit einem Armutsbewusstsein und dass es vor allem in den helfenden Berufen ein charakteristisches Problem gäbe, nämlich zu glauben, man dürfe kein Geld dafür nehmen, anderen Menschen zu helfen. Als würde die Hilfe, sobald man Geld verlangt, nicht mehr aus dem Herzen kommen, sondern aus reiner Berechnung. Als wäre die Hilfe für andere Menschen nur dann etwas wert, wenn man selber nichts dafür bekommt.

Auf meine Frage, was sie von ihren Patienten als Honorar nehme, antwortete sie, dies sei sehr unterschiedlich, je nachdem, was sie bezahlen könnten; wenn sich der Patient die Behandlung nicht leisten könne, arbeite sie manchmal auch unentgeltlich.

»Gut, und wie fühlst du dich danach?«, hakte ich direkt nach.

Es entstand eine sehr lange Pause – und irgendwann merkte ich, sie konnte jetzt nichts mehr sagen.

»Weißt du«, gab ich ihr zu verstehen, »ich kenne das selber sehr gut. In meiner Praxis für Familientherapie und Paartherapie hatte ich einmal ein sehr nettes Paar. Ich konnte den beiden wirklich helfen, aber sie hatten kein Geld. Also verlangte ich von ihnen ein quasi symbolisches Honorar. Ich stand gerade am Anfang meiner Praxis, hatte hohe Fixkosten und noch nicht so hohe Einnahmen. Jedenfalls fuhr ich mit meiner Familie – damals waren wir noch zu dritt – im Sommer nicht in den Urlaub, sondern wir blieben zu Hause …

Und dann kamen diese beiden Klienten nach dem Sommer wieder zu mir, gut erholt, braun gebrannt, und erzählten mir, dass sie sich ganz spontan entschlossen hätten, diesen Sommer für zwei Wochen in den Süden ans Meer zu fahren. Nach dieser Sitzung gaben sie mir wieder das zuvor mit mir ausgehandelte symbolische Honorar. Ich fühlte mich furchtbar. Daraufhin beschloss ich, nie wieder für ein symbolisches Honorar zu arbeiten, sondern fix festzulegen, was die Sitzung bei mir kostet, und genau diesen Preis auch von jedem einzelnen Paar zu verlangen – ohne Ausnahme …! Seitdem fühle ich mich sehr viel besser. Und ob du es glaubst oder nicht, ich habe seitdem regelmäßig meine Honorarsätze erhöht, und jedes Mal, nachdem ich mein Honorar erhöhte, wurde meine Arbeit besser und effektiver. Ich erkannte, dass es wichtig ist, einen fairen Preis zu verlangen – wichtig für alle Beteiligten. Deshalb kosten unsere Kurse Geld – sie kosten Geld, weil es für alle Beteiligten fair ist.«

In der nächsten Sitzung meinte die Heilpraktikerin zu mir: »Alexander, ich habe es ungefähr verstanden, es geht um einen gerechten Ausgleich. Aber ich finde trotzdem, dass es irgendwie nicht in Ordnung ist, und wenn ich ganz ehrlich bin, weiß ich nicht recht warum, aber es fühlt sich bei mir einfach nicht gut an.«
»Okay«, antwortete ich, »ich weiß, wo dein Problem liegt: Tief vergraben in deinem Unterbewusstsein liegt die Idee, wohlhabend zu sein sei nicht spirituell. Und damit bist du nicht allein – dieser Mythos hält viele Menschen in der Armut. Doch wie kannst du denn spirituell sein, wenn dir die Mittel fehlen, Körper, Geist und Seele zu entwickeln? Körper, Geist und Seele zu nähren, kostet Geld! Gesundes, ökologisches, ethisch einwandfreies Essen kostet Geld! Bücher, Seminare, Coachingsitzungen kosten Geld! Und »gute Dinge« in der Welt zu bewirken und in Bewegung zu bringen – das kostet Geld! Wie kannst du spirituell sein und von Liebe gegenüber den Mitmenschen sprechen, wenn dir die Mittel fehlen, anderen gegenüber großzügig zu sein?«

Armut führt nicht zur höchsten Ausdrucksmöglichkeit der Spiritualität. Armut führt nicht zur Erfüllung des unendlichen, in uns liegenden Potenzials. Ohne Wohlstand stagnieren wir. Das Leben strebt immer nach Wachstum und Veränderung, und ohne kontinuierlich wachsende finanzielle Ressourcen wird Wachstum ausgebremst und behindert. Es gibt eine direkte Beziehung zwischen der Fähigkeit, Spiritualität und Potenzial voll zu entfalten, und wirklichem finanziellem Wohlstand.

In diesem dritten Teil der »Reichtumsblaupause« findest Du die 7 Schlüssel, die Dir die Tür dafür öffnen, **auf spirituelle Weise reich zu sein.**

1. SCHLÜSSEL:

DIE MUSKELN DES KLAREN DENKENS

Erfolg im Leben resultiert aus richtigem, klarem Denken. Durch unsere Gedankenarbeit gelangen wir nicht nur zum Erfolg, sondern sie ist zugleich zuständig für unsere Freiheit und Fähigkeit, das zu tun, was wir wollen – egal, an welchem Ort, zu welcher Zeit und mit wem.

Den meisten Menschen ist bewusst, wie wichtig die Funktion des Denkens für die Entwicklung der eigenen Persönlichkeit ist. Sie wissen auch, wie sehr unsere Resultate von der Art, wie wir denken, abhängig sind. Aber die wenigsten besitzen davon ein greifbares Bild. Da der Mensch in Bildern denkt, benötigt er für das Verständnis seiner selbst ebenfalls ein Bild, mit dem er arbeiten kann. Aus diesem Bild erwächst Verständnis. Und sobald Du dieses Verständnis verinnerlicht hast, hältst Du den Schlüssel in der Hand, mit dem Du die Resultate in Deinem Leben für immer verändern kannst.

Die Persönlichkeit besteht hauptsächlich aus drei Teilen:

1. Bewusster Geist = Bewusstsein
2. Unterbewusster Geist = Unterbewusstsein
3. Körper

Ein wichtiger Punkt ist: Du *hast* zwar einen Körper, aber *bist* nicht der Körper. Und Du *bist* auch nicht der Verstand, sondern Du *hast* einen Verstand. Du *bist* eine Seele, die über einen Geist und einen Körper verfügt. Deine Seele macht in dieser Welt eine körperliche Erfahrung, und dazu steht ihr der Geist zur Verfügung, der sich aufteilen lässt in Bewusstsein und Unterbewusstsein.

Das Bewusstsein

Das Bewusstsein sammelt Informationen mittels der Sinne. Doch die Sinne sind nicht die Instanzen, welche Entscheidungen treffen. Es ist die Seele, die Entscheidungen trifft.

Der Entscheidungsprozess beginnt im bewussten Verstand – dem Teil, der die Fähigkeit besitzt, zu denken, und der vernunftbegabt ist. Es ist der Sitz des freien Willens. Mit dem bewussten Geist kann man die Gedanken selber wählen und somit letztendlich auch über die eigenen Resultate entscheiden. Dazu werden die sechs Muskeln für klares Denken benötigt.

Das Unterbewusstsein

Das Unterbewusstsein ist ein Kraftzentrum, das uns mit dem Unendlichen verbindet. Manche nennen es auch den »spirituellen Teil« in uns. Es kennt keine Begrenzungen. Jeder Gedanke, den der bewusste Geist zu akzeptieren wählt, muss vom Unterbewusstsein ebenfalls akzeptiert werden. Dem Unterbewusstsein fehlt die Fähigkeit, zu denken und somit auch etwas zurückzuweisen. Es verlässt sich auf den bewussten Verstand, den Wächter am Tor.

Das Unterbewusstsein arbeitet mithilfe von klar definierten Gesetzen in einer geordneten Art und Weise. Es ist der Sitz der Gewohnheiten. Jeder Gedanke, der wiederholt in das Unterbewusstsein eingegeben wird, wird zu einer Gewohnheit. Sobald Gedanken zu einer Gewohnheit geworden sind, werden sie sich immer weiter ausdrücken, bis sie durch neue Gewohnheiten ersetzt wurden.

Der Körper

Der Körper ist der offensichtliche Teil von uns. Er ist die physische Präsentation von allem, was wir sind. **Er ist das Instrument des Geistes**. Die Gedanken, die gewählt wurden, werden dem Unterbewusstsein übergeben und bewegen sich in eine Form. Sie schwingen in jeder Zelle des Körpers. Gedanken erzeugen Gefühle, und Gefühle erzeugen Handlungen.

Um Deine Resultate dauerhaft verändern zu können, musst Du zuerst Deine Gedanken ändern, was dazu führen wird, dass sich Deine Gefühle verändern und somit Deine Handlungen.

In diesem Buch zeige ich Dir einen Weg, wie Du Deine Gedanken kontrollieren kannst. Denn nur dadurch kannst Du auch Deine Gefühle kontrollieren und somit auch Deine Handlungen und Resultate.

Wie wir unser Leben verbessern
▬ ▬ ▬

James Allen (1864–1912), einer der Väter der modernen Psychologie, behauptete, dass die Menschen zwar unbedingt ihre Lebensumstände verbessern wollen, aber nicht gewillt sind, sich selbst zu verändern, und deshalb an das alte Leben gebunden bleiben.

Das klingt plausibel und einfach, oder? Aus einem bestimmten Grund ist Veränderung doch viel schwieriger, als es die meisten wahrhaben möchten.

Wie bereits gesagt, sind wir in der Lage, alles zu tun, was wir wirklich tun wollen. Und wir können uns entwickeln, wenn wir bereit sind, es zu tun. Genau das ist der Schlüssel! Wir können nicht stehen bleiben – auch wenn wir es uns noch sosehr wünschten. Dies ist das Gesetz des Wachstums. Unweigerlich wollen wir alle unser Leben stetig verbessern und bessere Resultate erzielen.

Überlege Dir drei gewohnheitsmäßige Handlungen, von denen Du überzeugt bist, dass sie Dein Leben sehr zum Besseren hin verändern würden, wenn Du sie regelmäßig ausführen würdest! Und nun frage ich Dich: »Glaubst Du, diese neuen Gewohnheiten würden die Ergebnisse in Deinem Leben verbessern?« Wahrscheinlich wirst Du dies bejahen. Meine logische Erwiderung darauf ist: »Okay, und warum führst Du sie dann nicht aus?«

Wie wir Resultate verbessern

Eigentlich wissen wir bereits, wie wir bessere Resultate erzielen könnten. Uns ist außerdem bereits bekannt, was wir tun müssten, aber wir tun es nicht. Der Schlüssel, um Resultate in unserem Leben verbessern zu können, lautet: Wir müssen verstehen lernen, was die tatsächliche Ursache unserer Resultate ist!

Die wirkliche Ursache sämtlicher Resultate ist die eigene Einstellung; sie bestimmt die Qualität von allem in unserem Leben. Der Psychologe Viktor Frankl (1905–1997) beschreibt es in seinem Buch »… trotzdem Ja zum Leben sagen« so:

»**M**an kann einem Menschen alles wegnehmen, außer einer einzigen Sache: die letzte der menschlichen Freiheiten – nämlich seine eigene Einstellung zu wählen. In allen nur möglichen Umständen kann der Mensch seine eigene Einstellung selber wählen.«

Viktor Frankl überlebte das Vernichtungslager Auschwitz, wo er jeder nur denkbaren menschlichen Qual und Demütigung ausgesetzt war. Er vertrat bereits kurz nach Kriegsende die Ansicht, dass Versöhnung einen sinnvollen Ausweg aus der Katastrophe des Weltkrieges und des Holocaust weisen könnte. Ich denke, wir können davon ausgehen, dass Frankl genau weiß, wovon er spricht, wenn er darauf besteht, dass wir selber unsere Einstellung bestimmen. Er beschreibt seine Einstellung während der Zeit in Auschwitz folgendermaßen:

»Dort stellte ich mir vor, ich stünde an einem Rednerpult in einem großen, schönen, warmen und hellen Vortragssaal und sei im Begriff, vor einer interessierten Zuhörerschaft einen Vortrag zu halten unter dem Titel ›Psychotherapeutische Erfahrungen im Konzentrationslager‹, und ich spreche gerade von alldem, was ich soeben erlebe.«

Den Begriff »Einstellung« verwendet Frankl sehr häufig. Es ist für mich eines der wichtigsten Wörter, wenn es darum geht, die Kontrolle über das Denken, Fühlen und Handeln zu bekommen. Wenn Du einer scheinbar negativen Situation erlaubst, Deine Einstellung zu bestimmen, wirst Du auf diese Situation reagieren. Doch in den allermeisten Fällen ist Deine Reaktion unangemessen; Du könntest genauso gut objektiv bleiben, dann würdest Du angemessen, also *proaktiv* auf diese Situation antworten. Du würdest *agieren,* statt zu reagieren, und dadurch eine Situation schaffen, in der Du gewinnst.

Die eigene Einstellung

Laut Viktor Frankl, der auch der Begründer der Logotherapie ist, versteht man unter »Einstellung« die Verbindung von

> Gedanken,
> Gefühlen,
> Handlungen.

Das bewusste Denken kontrolliert die Gefühle. Also bestimmen die Gedanken, ob wir angenehme oder unangenehme Gefühle empfinden. Wir selbst bestimmen, für welchen Gedanken wir uns entscheiden. Als nächsten Schritt führt der Körper über Handlungen und Verhalten diese Wahlentscheidung aus.

»Einstellung« ist in der Tat ein kreativer Zyklus: Man wählt den Gedanken, und dies ist der Beginn der eigenen Einstellung. In dem Moment, in dem man Ideen internalisiert oder sich gefühlsmäßig auf diese Gedanken einlässt, wird die zweite Phase der Bildung der eigenen Einstellung eingeleitet. Das gesamte Wesen – Geist und Körper – wird in eine neue Schwingung hinein bewegt. Diese nennen wir »Gefühl«. Die Gefühle drücken sich daraufhin in Handlungen und Verhalten aus, durch die wiederum die unterschiedlichen Resultate produziert werden.

Positive Resultate sind immer die Folge einer positiven Einstellung. Oder besser ausgedrückt: Wünschenswerte Resultate sind immer die Folge einer wünschenswerten Einstellung. Einstellung und Resultate sind nicht voneinander zu trennen. Sie folgen einander, wie die Nacht auf den Tag folgt.

Kontrolle über den Geist erlangen

Das Fundament für den Erfolg ist die Kontrolle über den eigenen Geist. Dafür haben wir den Geist und den Körper zur Verfügung, das heißt den bewussten und den unterbewussten Geist. Wir leben einerseits in einer geistigen Welt, andererseits in einer physischen, also körperlichen Welt. Über unsere physische Welt erhalten wir Informationen durch unsere fünf Sinne: **S**ehen, **H**ören, **R**iechen, **S**chmecken und **T**asten.

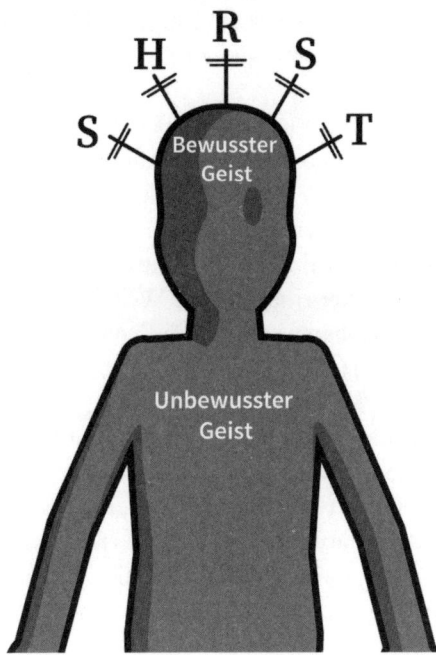

Die Informationen, die wir durch unsere Sinne aufnehmen, beeinflussen unser Denken in einem beträchtlichen Ausmaß. Sehen wir etwas im Fernsehen, das uns gefällt, fühlen wir uns gut. Hören wir irgendeine schlechte Nachricht im Radio, fühlen wir uns schlecht. Macht uns jemand ein Kompliment, fühlen wir uns fantastisch, doch wir fühlen uns miserabel, sobald uns jemand kritisiert. Wie ein Segelschiff auf offener See schwanken unsere Gefühle auf und ab. Die fünf Sinne sind dabei die mit unserem Geist verbundenen Antennen, durch die wir unsere äußere Welt aufnehmen.

Seit unserer frühesten Kindheit wurden wir darauf konditioniert, von außen nach innen zu leben. Wir richten unser eigenes Handeln fast nur nach der Außenwelt. Der Fachbegriff dazu heißt »extrinsisch«. Eine viel bessere Methode wäre, von innen nach außen zu leben, also »intrinsisch«. Dies würde bedeuten, dass wir unser Denken nicht mehr danach ausrichten, was unsere äußeren Sinne aufnehmen; stattdessen würden wir über unsere Gedanken herrschen. Denn die innere Welt kontrolliert die äußere Welt. Leben wir intrinsisch, erhalten wir eine größere Kontrolle über unsere Gefühle. Dadurch werden sich die Resultate in unserem Leben dramatisch verbessern.

Dass dies in wirklich jeder Lebenssituation funktioniert, hat Viktor Frankl bewiesen. Unter den denkbar schlimmsten Umständen hat er sich geweigert, die äußeren, ihn umgebenden Umstände als seine letztendliche Realität zu akzeptieren. Stattdessen hat er seinen Geist dazu benutzt, sich selber eine parallele Welt aufzubauen, die in seinem Geist, ganz unabhängig von der äußeren Realität des Konzentrationslagers, existierte.

All seine Visionen, die er in der damaligen Zeit hatte, wurden übrigens Wirklichkeit. Und er erreichte ein Alter von 92 Jahren. Er weigerte sich, der Verzweiflung und Hoffnungslosigkeit die Kontrolle zu überlassen. Stattdessen fokussierte er sich auf seinen unbedingten Glauben an die Sinnhaftigkeit allen Lebens. Um dies zu erreichen, trainierte er seine (hier folgenden) sechs Werkzeuge des klaren Denkens.

Die Muskeln des klaren Denkens
▬ ▬ ▬

Die intellektuellen Fertigkeiten bzw. unsere sechs Werkzeuge des klaren Denkens sind:

> Wahrnehmung
> Imagination
> Wille
> Verstand
> Gedächtnis
> Intuition

Um diese sechs Fertigkeiten etwas anschaulicher darstellen zu können, bezeichne ich sie als »Muskeln des klaren Denkens«. Wie alle anderen Muskeln in unserem Körper benötigen sie Aufbau-, Konditions- und Ausdauertraining. Je mehr wir diese Muskeln trainieren, desto stärker werden sie und desto größer wird die Kontrolle, die wir über unseren emotionalen Verstand bekommen.

Am Beispiel von Viktor Frankl können wir erkennen, dass ihm genau diese sechs Fertigkeiten halfen, das Lager zu überleben. Auch später konnte er mit diesen Werkzeugen den Tätern verzeihen und jede Bitterkeit hinter sich lassen. Er konnte sein Leben, das er in den Dienst der Menschheit stellte, neu beginnen.

Lass uns die Werkzeuge des klaren Denkens genauer betrachten. Die Reihenfolge hat keine Bedeutung – sie sind alle gleich wichtig.

Die Wahrnehmung

Wahrnehmung ist die Fähigkeit, neben dem äußeren Anschein, den wir mit unseren Sinnen empfangen, noch etwas ganz anderes zu entdecken. Es ist die eigene Perspektive, der eigene Blickwinkel und die Art, wie wir uns selbst die Welt und ihre Erscheinungen erklären.

Dr. Wayne Dyer, den ich besonders für seine Arbeit und seine authentische Art schätze, wusste:

Wenn wir anfangen, die Art und Weise zu verändern, mit der wir die Dinge betrachten, beginnen die Dinge, die wir betrachten, sich zu verändern.«

Anstatt sich auf die Grausamkeit und Sinnlosigkeit zu fokussieren, hatte Viktor Frankl seine Wahrnehmung darauf geschärft, in all dem, was er dort erlebte, den tiefen, verborgenen Sinn zu entdecken.

Informationen, die durch unsere Sinne aufgenommen wurden, sind in ihrem Ursprung neutral, sie *sind* einfach. Laut dem Gesetz der Relativität ist nichts gut oder schlecht, groß oder klein. Die Dinge sind aber nur so lange neutral, bis wir beginnen, sie mit etwas anderem zu vergleichen. Der Prozess des Vergleichens findet nicht durch unsere Sinne statt, sondern in unserem Geist; er findet nicht draußen in der Welt statt, sondern in uns selbst.

Das ist eine gute Nachricht! Bereits der Schriftsteller Aldous Huxley (1894–1963) sagte dazu:

Es gibt nur einen einzigen Flecken im ganzen Universum, den wir mit Sicherheit verbessern können, und das ist unser Geist.«

Unser Geist ist das Einzige, worüber wir Kontrolle haben. Wir nehmen etwas wahr, und mit unserem Geist entscheiden wir selbst, wie wichtig oder unwichtig es in unserem Leben ist.

Die Imagination

Die Imagination ist ein wunderbarer mentaler Muskel. Laut Albert Einstein ist die Imagination sehr viel mächtiger als das Wissen. Imagination ist unsere Fähigkeit, die durch unsere Sinne in uns hineinströmenden Informationen zu ignorieren und stattdessen ganz andere Bilder auf die Leinwand unseres Geistes zu projizieren.

Und genau das machen wir die ganze Zeit! Wie oft saßen wir früher in der Schule, langweilten uns, statt aufzupassen, und stellten uns die fantastischsten Dinge vor? Ich mache das ab und zu heute noch. Diesen mentalen Muskel hatte Viktor Frankl eingesetzt, als er sich vorstellte, wie er in einem großen, schönen, warmen und hellen Saal vor einer interessierten Zuhörerschaft einen Vortrag hält.

Indem wir unsere Imagination, unsere Vorstellungskraft entwickeln, können wir uns die Gedanken und die Art und Weise, wie wir uns fühlen, selbst aussuchen – ganz unabhängig von unserer Umwelt und den Umständen unseres äußeren Lebens! Kurz gesagt, Deine Imagination hilft Dir, Dir unter Ausblendung der derzeitigen, vielleicht ungünstigen Umstände die Realität vorzustellen, die Du Dir wünschst, in der Du glücklich bist bzw. in der Du den Sinn Deines Lebens lebst. Unsere Imagination bildet den Schlüssel dafür, dass wir uns nicht von den äußeren Umständen gefangen nehmen lassen.

Der Wille

Nach der Imagination und der Wahrnehmung kommen wir nun zum dritten Muskel, dem Willen. Überprüfen wir die eine oder andere schlechte Angewohnheit, die wir in unserem Leben pflegen, wird uns bewusst, dass sie nicht unbedingt sinnvoll ist, oder? Angewohnheiten scheinen allerdings ein Eigenleben zu führen. Sobald wir uns an etwas gewöhnt haben, wird unser Verhalten durch diese Angewohnheit kontrolliert. Oft bemerken wir es nicht einmal. Und sobald wir die schlechte Angewohnheit integriert haben, reicht die Kraft des Willens alleine nicht mehr aus, um sie zu verändern. Wie oft hast Du zu Silvester einen guten Vorsatz für das kommende Jahr gefasst? Ist es Dir gelungen, ihn gegebenenfalls auch noch nach einem halben Jahr umzusetzen? Die meisten Vorsätze überleben gerade so die ersten Wochen. Warum? Ist unser Wille nicht stark genug? Warum können wir nicht das tun, was wir wollen?

Die Antwort auf diese Frage ist recht einfach, aber lange habe ich sie nicht wirklich verstanden. Meinem Mentor Bob Proctor stellte ich daher folgende Frage: »Warum kann ich nicht mit meinem Willen beeinflussen, was ich tue?«

Bob fragte mich: »Hast du einen starken Willen?«

»Ja, ich denke schon.«

»Gut, dann setz dich hierhin und zwinge dich dazu, willentlich zu schwitzen. Gebrauche deinen Willen und mache, dass dein Körper zu schwitzen anfängt.«

Nun, Du kannst Dir bestimmt vorstellen, dass ich ihn wie ein Auto angeschaut und ziemlich verlegen gelacht habe. Aber Bob sagte nochmals: »Na, komm schon, das ist etwas, was du jeden Tag tust, den ganzen Tag über, es sollte doch einfach sein!«

Verlegen stammelte ich: »Ja, aber man kann sich doch nicht selber zwingen zu schwitzen.«

Bob fragte: »Warum denn nicht?« Er wollte wirklich eine Antwort! Also antwortete ich: »Na ja, es ist automatisch.«

»Was heißt hier automatisch? Irgendwas muss es doch steuern – oder was steuert es denn sonst?« Es folgte eine sehr lange Pause, dann sagte er: »Weißt du, warum die meisten Menschen sich nicht dazu zwingen können zu schwitzen? Weil der Wille eine Fähigkeit des Bewusstseins ist, das Schwitzen aber ist eine Funktion, die vom Unterbewusstsein gesteuert wird.«

Das Gesetz des umgekehrten Effekts besagt: Je mehr man den bewussten Geist dazu einzusetzen versucht, etwas zu kontrollieren, was vom Unterbewusstsein gesteuert wird, desto schwieriger wird es.

Wir haben bestimmt alle bereits einmal die Erfahrung gemacht, dass uns der Name einer Person nicht mehr einfallen wollte, obwohl wir ihn eigentlich kannten. Und je mehr wir uns bemühten, uns zu erinnern, desto weiter weg schien die Erinnerung an den Namen zu sein. Doch sobald wir nicht mehr danach suchten, war er wieder da. Paradox, oder? Das bewusste Denken musste erst einmal aus dem Weg geräumt werden, damit der unterbewusste Geist seine Arbeit verrichten konnte. Und schwups, konnten wir uns an den Namen erinnern.

Ich denke, Du bekommst allmählich eine Ahnung davon, warum wir es nicht schaffen, allein mithilfe unseres Willens schlechte Angewohnheiten abzulegen.

Der Verstand

Wir haben bereits besprochen, dass wir neben dem Körper einen bewussten und einen unterbewussten Geist haben. Der bewusste Geist entspricht dem denkenden Verstand, wir nennen diesen Teil auch unseren »Intellekt«. Der Verstand hat die Fähigkeit, seine Gedanken selbst zu wählen. Er kann eine Idee annehmen oder auch zurückweisen. Sobald Du wirklich bewusst bist, kann Dich letztendlich niemand dazu zwingen, an etwas zu denken, was Du nicht denken willst. Dies ist eine der Quintessenzen, die Viktor Frankl aus Auschwitz mitbrachte; er schreibt:

»**S**ie konnten ihnen wirklich alles nehmen, was sie besaßen. Sie hatten Macht über ihren Körper, aber die letzte der menschlichen Freiheiten konnten sie ihnen nicht nehmen, nämlich die Freiheit, selbst wählen zu können, was sie denken.«

Das ist ein sehr mächtiges Konzept. Doch in Wirklichkeit ist es kein Konzept, sondern eine sehr teuer erworbene Erfahrung. Uns wurde die Fähigkeit gegeben, ganz bewusst und absichtsvoll jeden Gedanken zu denken, den wir uns selbst aussuchen, und diese Fähigkeit solltest Du immer nutzen.

Das Gedächtnis

Viele Menschen behaupten, sie hätten ein schlechtes Gedächtnis. Doch wie mit jedem anderen Muskel des klaren Denkens ist es auch mit dem Gedächtnis: Es gibt kein schlechtes Gedächtnis; es gibt nur ein Gedächtnis, das wenig trainiert wurde. Die meisten

Menschen haben es sich allerdings zur Gewohnheit gemacht, das unbewusste Gedächtnis mit all den vergangenen Situationen zu belagern, in denen sie Fehler gemacht haben, oder sich an die Situationen und Ereignisse zu erinnern, die nicht gut liefen. Warum erinnern sie sich nicht an all das Angenehme, das sie in der Vergangenheit ebenfalls erlebt haben?

Wir wurden darauf konditioniert, uns an das Negative, an die Fehler zu erinnern – und nicht an die Lernerfolge. Möchtest Du ganz bewusst Deine Lebenssituation neu gestalten, ist dies nicht hilfreich. Deshalb sollten wir das Gedächtnis auf all das Positive trainieren, denn dadurch wird das Gedächtnis zu einer sehr wertvollen Ressource.

Nehmen wir einmal an, wir sind in einer Situation, in der wir etwas Neues wagen wollen. Nur wenn wir Neues wagen, wachsen wir. Der Durchschnittsmensch ist allerdings darauf konditioniert, sich gerade, wenn er ein Risiko eingehen möchte, nur an all jenes zu erinnern, was in der Vergangenheit schlecht lief. Das führt dazu, dass er das Risiko scheut.

In solch einer Situation kannst Du Folgendes machen: Denke weiter und vergegenwärtige Dir den Lernerfolg, den Du aus dem (vermeintlichen) Fehler gewinnen konntest, und wozu Du danach fähig warst. Und dann erinnere Dich an eine Situation in der Vergangenheit, in der Du etwas Neues gewagt hast und damit erfolgreich warst. Durch diese Erinnerung – sie sollte so detailreich wie möglich sein – setzt Du ein Gefühl in Gang, das Dir sehr viel Mut geben wird. Auf diese Art und Weise wird das Gedächtnis zu einer der wichtigsten Ressourcen überhaupt. Und jedes Mal, wenn Du einen neuen Erfolg erlebst, erinnere Dich ganz bewusst daran und füge die bewusste Erinnerung Deiner Gedächtnisschatzkiste hinzu.

Die Intuition

Wahrscheinlich ist die Intuition eines der am meisten missverstandenen Werkzeuge des klaren Denkens. Sie ist die Fähigkeit, etwas zu wissen, was man eigentlich nicht wissen kann – so hat es meine Lehrtherapeutin Inge Reisch in der Paar- und Familientherapie immer ausgedrückt. Sie sagte weiter: Intuition versetzt uns in die Lage, Schwingungen aufzunehmen. Man kann dadurch zum Beispiel wissen, wie es anderen Menschen geht, selbst wenn sie sagen, es gehe ihnen gut: Wenn es nicht so sein sollte, spüren wir dies dank unserer Intuition.

Doch viele Menschen misstrauen ihrer Intuition. Als Kinder hatten wir zwar eine ausgezeichnete Intuition, doch dann wurden wir darauf programmiert, ihr zu misstrauen. Nehmen wir an, das Kind kommt nach Hause, und die Eltern haben sich soeben fürchterlich gestritten. Das Kind fragt die Mutter: »Was ist los, Mama?« Und die Mutter, die in dem festen Glauben lebt, man müsse sein Kind vor Unangenehmem bewahren, antwortet: »Lieber Schatz, es ist alles in Ordnung, nichts ist los.« Durch das wiederholte Erleben solcher Situationen beginnen wir, unserer Intuition zu misstrauen. Das ist die eine Seite, die uns von der eigenen Intuition wegbringt.

Und die andere: Wir alle kennen Stimmen in uns. Zu den sehr lauten Stimmen gehört die Stimme der Angst. Es gibt weitere laute Stimmen in uns, aber diese ist oft die geräuschvollste. Weil wir sie innerlich wahrnehmen, verwechseln wir sie oft mit unserer Intuition.

Schauen wir uns dazu ein Beispiel an: Als ich 17 Jahre alt war, flog ich nach einem einjährigen USA-Schulaustausch von New York nach Frankfurt zurück und machte eine harmlose, für mich aber sehr beängstigende Erfahrung, die in eine ausgesprochene Flugangst mündete. Diese Angst entwickelte ein starkes Eigenleben und teilte mir unmissverständlich mit, sobald ich in ein Flugzeug stiege, würde es abstürzen. Sie tarnte sich quasi als die Stimme der Intuition.
Nach einer gewissen Zeit wurde es notwendig, dass ich in die USA fliegen musste. Also war es an der Zeit, diese Flugangst zu besiegen –

und es gelang mir mit dem Wissen, das ich Dir hier weitergebe, tatsächlich. Doch noch kurz vor dem Start war ich felsenfest davon überzeugt, das Flugzeug werde abstürzen. Ich wusste, dass der Gedanke absurd war, und ich wusste auch, dass nicht die Stimme der Intuition zu mir sprach, sondern die Stimme der Angst. Trotzdem war diese Stimme lauter.

Mehrmals musste ich Flüge bewältigen, bis die Stimme der Angst schließlich so leise wurde, dass ich meine Intuition wieder hören konnte. Inzwischen lebe ich mit meiner Familie an der sonnigen Costa Blanca und muss einige Male im Jahr nach Deutschland fliegen. Inzwischen genieße ich jeden Flug, und selbst bei heftigen Turbulenzen bleibe ich entspannt. Doch es war ein weiter Weg – und um mich weiterentwickeln zu können, musste ich genau das tun, wovor ich am meisten Angst hatte.

Es ist wichtig, die eigene Intuition zu trainieren. Denn dadurch werden die Situationen immer seltener, in denen wir im Nachhinein sagen: »Eigentlich habe ich gewusst, dass ich dieses oder jenes machen sollte. Warum habe ich wieder nicht darauf gehört? Eigentlich habe ich gewusst, dass ich diesem oder jenem Menschen doch nicht trauen kann. Warum habe ich es trotzdem getan? Eigentlich habe ich gewusst, dass diese Situation oder diese Gelegenheit günstig für mich ist. Warum habe ich sie nicht genutzt?«

Wie das Unterbewusstsein unbewusst steuert

Das Unterbewusstsein ist der emotionale Teil, also der gefühlsmäßige Teil, unseres Denkens. Es verfügt nicht über die Fähigkeit, zu wählen; es kann nicht zurückweisen, und solange man sein Unterbewusstsein offen lässt, indem man unbewusst ist, muss es das akzeptieren, was ihm aus den verschiedensten Quellen eingespeist wird. Auch kann es nicht den Unterschied zwischen dem, was der physischen Realität entspricht, und dem Imaginären erkennen. Anders ausgedrückt: Unser Unterbewusstsein unterscheidet nicht zwischen dem, was sich nur in unseren Gedanken abspielt, und dem, was sich in der materiellen Welt tut.

Allein bei der bloßen Vorstellung, uns würde etwas Schlimmes passieren, fühlen wir uns fast genauso schlecht, als wäre es in der physischen, materiellen Welt wirklich passiert. Denken wir an Träume: Der Körper reagiert darauf in einer Art, als wären sie materielle Wirklichkeit. Oder denken wir noch einmal an Viktor Frankls Erfahrung: Obwohl er die Hölle auf Erden erlebte, konnte er seinem Unterbewusstsein einpflanzen, dass es eine ganz andere Realität gibt, die sich absolut von der physischen Realität im Außen unterscheidet.

Der unterbewusste Geist absorbiert die Bilder des bewusst denkenden Verstandes ungeprüft. Für diesen Teil des Geistes ist die Realität immer genau das, was ihm eingeprägt wird. Und die meisten Menschen lassen es zu, dass nur die Bilder dem Unterbewusstsein übergeben werden, die die Sinne wahrnehmen und die somit im Einklang mit den einprogrammierten Glaubenssätzen stehen.

Die Programmierung des Geistes

Kommt ein Kind auf diese Welt, ist sein Unterbewusstsein weit geöffnet – seine Programmierung nimmt ihren Lauf. Denn alle Gedanken, Bilder und Ideen aus dem Umfeld des Kindes werden automatisch direkt von seinem Unterbewusstsein absorbiert und einverleibt.

Würde zum Beispiel ein Baby aus Süddeutschland von einer französischen Familie in Nizza erzogen, könnte das Kind später fließend Französisch sprechen statt Deutsch und es würde sich am Verhalten und Lebensstil seiner französischen Landsleute orientieren. Umgekehrt würde ein Baby aus Frankreich, das in Deutschland aufwächst, fließend Deutsch sprechen statt Französisch. Was immer um einen herum passierte, als man noch sehr klein war – alles ging direkt ins Unterbewusstsein. Und nicht nur das, auch die Prägung und Erinnerung von Generationen vor uns wurden in die Zellen übergeben. Deshalb ähneln wir unseren Verwandten und Vorfahren. (Interessanterweise – und dies passt zum Thema »Reichtumsblaupause« besonders gut – sind sogar sehr viele Leute bereits in der zweiten, dritten oder vierten Generation Dauerempfänger von Hartz IV!)

Die Ideen, die immer wieder ins Unterbewusstsein eingegeben werden, werden regelrecht fixiert; wir nennen sie dann »Gewohnheiten«. Und die Summe der Gewohnheiten bezeichnen wir als »Konditionierung«.

In ganz jungen Jahren wird auch das Selbstbild geformt. Es ist das Resultat der Ideen, die ins Unterbewusstsein hineingepflanzt wurden, und dies vor allem von Menschen, die sehr oft um uns herum waren: Sie haben uns geprägt, noch bevor wir überhaupt dazu in der Lage waren, »selbst-bewusst« zu denken.

Wurdest Du mit Wertschätzung und Anerkennung großgezogen, stehen die Chancen gut, dass Du ein Mensch mit gesundem Selbstvertrauen geworden bist. Wenn Du aber mit viel Kritik aufgewachsen bist, ist die Wahrscheinlichkeit sehr groß, dass Du heute ein Mensch bist, der sich oft sehr unsicher fühlt. (Das klingt nicht besonders gerecht, oder? Aber so ist es eben …)

Die Macht der Paradigmen

Mit dem Begriff »Paradigma« bezeichnen wir hier die Summe aller in unserem Unterbewusstsein fixierten Ideen. Es kontrolliert unser gesamtes Leben – unser Einkommen, unser soziales Leben, absolut alles. Das Paradigma wird in einem ganz frühen Alter geformt, zu einer Zeit, in der wir noch nicht die Fähigkeit haben, eigene Gedanken zu denken. Denn selbstständig denken können wir erst von dem Moment an, wenn die Art, wie wir denken, bereits geformt wurde. Ich meine, es waren die Jesuiten, die sagten: »Gebt mir ein Kind unter sieben Jahren, und wenn wir es fertig geformt haben, wird es für immer der Kirche gehören.«

Ungefähr mit sechs Jahren fängt unser Verstand erst wirklich an zu funktionieren. In diesem Alter beginnen sich unsere bewussten Fähigkeiten zu entwickeln und wir denken allmählich unsere eigenen Gedanken – Gedanken, die in Harmonie mit unserem Paradigma stehen. Dies bedeutet doch letztendlich, dass wir unsere Gedanken nicht mehr wirklich selber aussuchen können, oder?

Hat jemand, der 30.000 Euro im *Jahr* verdient, dieselben Gedanken wie jemand, der 30.000 Euro im *Monat* verdient? Natürlich nicht. Der Erste ist sich einfach nicht bewusst, wie er 30.000 Euro im Monat verdienen könnte, sonst würde er es tun, oder? Aber ist er prinzipiell fähig, Gedanken zu denken, die ihm ein Einkommen von 30.000 Euro im Monat sichern würden? Natürlich!

Wir können alles denken, was wir wollen. Aber unsere Gedanken sind beeinflusst, sie sind in einem ungeheuren Ausmaß von unserem Paradigma geprägt. Die Ursache der Resultate in unserem Leben liegt in dem, was in unserem Geist vor sich geht. Und unser Paradigma spiegelt nur unsere Konditionierung wider; es beeinflusst unser bewusstes, verstandesmäßiges Denken auf eine ungeheuer starke Art und Weise.

Unsere Fähigkeit, mit dem Verstand zu denken, ist in Wahrheit vollkommen konditioniert.

Dies klingt wie ein Oxymoron – eine Formulierung, die Widersprüche verknüpft. Aber es ist keines. Unser Verstand ist in Wahrheit vollkommen subjektiv. Wollen wir also das verändern, was in unserem Geist vor sich geht, müssen wir unser Paradigma ändern.

Bevor sich Dein Leben dauerhaft verändern kann, musst Du Dein Paradigma verändern.

Die gute Nachricht ist, dass die Resultate, die wir bis hierher in unserem Leben erzielt haben, in keiner Weise unser wahres Potenzial widerspiegeln. Die Resultate, die wir in unserem Leben erzielen, spiegeln lediglich das in uns wirksame Paradigma wider.

Wir könnten jetzt ohne Schwierigkeiten eine längere Zeit damit verbringen, über das Selbstbild zu sprechen und darüber, dass es unmöglich ist, das innere Selbstbild auszutricksen. Wir haben in unserem Geist ein Bild von uns selber einprogrammiert, welches bestimmt, wie erfolgreich wir im Leben sein werden. Und es ist unmöglich, von diesem einprogrammierten Bild für längere Zeit abzuweichen. Es ist wie bei einem Autopiloten im Flugzeug.

Der Autopilot

Stelle Dir also ein Flugzeug mit einem Autopiloten vor, das heißt
mit einem technischen Steuerungssystem, in dem man ein Ziel ein-
speichert. Dieser Autopilot sorgt dafür, dass das Ziel mit der gewünschten Geschwindigkeit und Reiseflughöhe erreicht wird. Sollte
es Abweichungen geben, weil zum Beispiel Gegenwind aufkommt,
steuert der Autopilot nach. Der Pilot könnte sich im Grunde genommen während des Flugs entspannen, da der Autopilot automatisch den richtigen Kurs hält.

*Dein Autopilot steuert automatisch auf das im Unterbewusstsein
verankerte Ziel zu.*

In Dir befindet sich ebenfalls ein solches Steuerungssystem, das
dafür sorgt, dass das in Dir gespeicherte Ziel mit gesetzmäßiger
Sicherheit erreicht wird. Und auch Du kannst Dich im Grunde darauf verlassen, dass Du quasi automatisch auf Zielkurs bleibst. Die
entscheidende Frage ist aber: Welches Ziel ist in Dir gespeichert?

Betrachtest Du Deine bisherigen Resultate im Leben, wirst Du erkennen, welches Ziel Du offenbar ansteuerst.

> Schau Dir Dein Bankkonto und Dein Vermögen an – und Du weißt, welcher Geldbetrag in Deinem Autopiloten gespeichert ist.
> Wie zufrieden bist Du mit Deinem Beruf?
> Wie glücklich ist Deine Partnerschaft?

Bist Du mit den Ergebnissen einverstanden? Wenn nicht, stellt sich nun die bedeutsame Frage: Warum sind Ziele in Deinem Autopiloten gespeichert, die Du gar nicht erreichen willst?

Nun, Dein Autopilot wurde höchstwahrscheinlich nur zu einem sehr geringen Anteil von Dir selber programmiert. Der Mammutanteil wurde bereits in der Zeit programmiert, als Du noch ein Baby, ein Schulkind und ein Jugendlicher warst. Und es haben alle möglichen Leute daran herumprogrammiert: Deine Eltern, Deine Familie, natürlich auch Deine Lehrer und Lehrerinnen während Deiner Schulzeit, Deine Freunde, Dein gesamtes Umfeld. Und deren Autopilot wiederum wurde höchstwahrscheinlich von ihrem Umfeld programmiert. Somit ist es gut möglich, dass hier eine Programmierung bereits über Generationen hinweg wirksam ist.

Die Summe der gesamten Programmierungen, die Du mitbekommen hast, ist Dein Paradigma; es sind somit Deine Glaubenssätze, Vorbilder, Muster oder auch Deine Weltanschauung. Dieses Paradigma steuert Deinen Autopiloten.

Sobald Du auch nur planst, Dir eigene, höhere Ziele zu stecken, schlägt Dein Autopilot sofort Alarm: Er registriert eine Kursabweichung und steuert dagegen. Er bringt Dich auf den ursprünglichen Kurs zurück. Das funktioniert übrigens in beide Richtungen. Solltest Du »unter« Dein Paradigma fallen, steuert er auch hier dagegen.

Wenn Du Dir ein höheres Ziel setzt, ohne dass dieses im Unterbewusst-sein verankert worden ist ...,

... sorgt der Autopilot dafür, dass der Kurs wieder »nach unten« korrigiert wird.

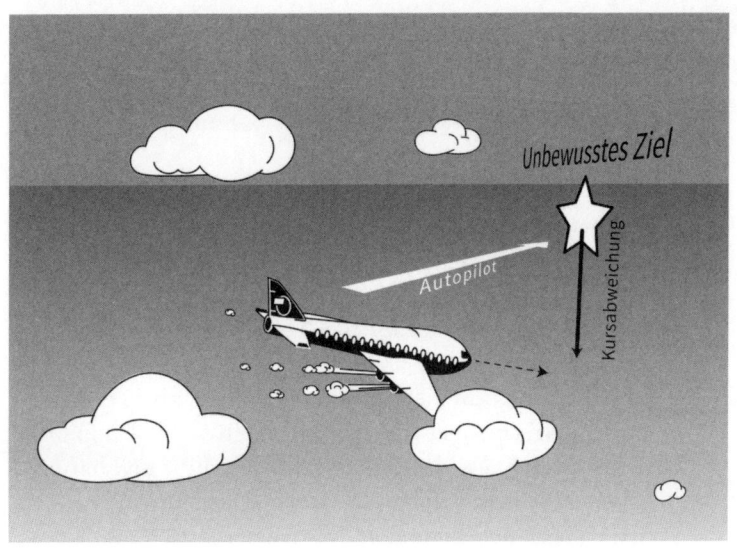

*Doch auch wenn Du vom unbewusst einprogrammierten Ziel
»nach unten« abweichst ...,*

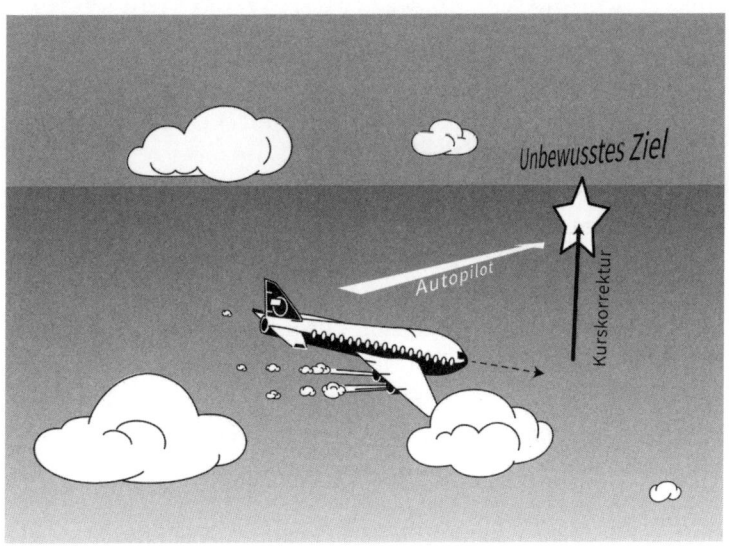

*... sorgt der Autopilot dafür, dass der Kurs wieder »nach oben«
korrigiert wird.*

Wer sein Leben verbessern will, unternimmt in der Regel eine der folgenden drei Möglichkeiten:

1. Man gibt ziemlich schnell auf, weil man nicht gegen den Autopiloten ankommt.

2. Man kämpft zeitweise sehr hart gegen den Autopiloten an und hat kurzfristige Erfolgserlebnisse. Doch jedes Mal, wenn das Flugzeug fast wieder auf Kurs des selbst gewählten Zieles gebracht wurde, steuert der Autopilot so kräftig dagegen, dass nicht mehr der selbst gewählte, sondern der eingespeicherte Kurs gehalten wird.

3. Es gelingt mit sehr viel Gewalt, auch längerfristig immer wieder den scheinbar eigenmächtigen größeren Autopiloten zu korrigieren. Man bleibt mit sehr viel Mühe und harter Arbeit auf einem Erfolgskurs. Doch je härter man langfristig gegen den Autopiloten ansteuert, desto mächtiger wird er. Und am Ende gelingt es ihm doch wieder, das ursprünglich einprogrammierte Ziel anzusteuern.

    Das wäre in etwa so, wie wenn wir nach New York fliegen wollten, der Autopilot aber auf Moskau eingestellt ist und wir jetzt über Paris kreisen. Jedes Mal, wenn es uns gelingt, in Richtung New York zu fliegen, und denken, jetzt passe es endlich, reißt der Autopilot das Ruder herum und fliegt wieder Richtung Moskau.

Angenommen, Dein Selbstbild sei so programmiert, dass Du übergewichtig bist. Mit schöner Regelmäßigkeit findest Du Dich vor einer Portion Essen wieder, das nicht gut für Dich ist. Wirst Du diesen Kampf gewinnen? Wohl kaum. Daher funktionieren die meisten Diäten nicht dauerhaft. Dies ist auch der wirkliche Grund für den berüchtigten Jo-Jo-Effekt. Möchtest Du dauerhaft abnehmen, brauchst Du jemanden, der diese Gesetzmäßigkeiten versteht und mit Dir an der Neuprogrammierung Deines Autopiloten arbeitet.

Deinen Autopiloten kannst Du nicht zerstören. Die Lösung besteht darin, dass Du ihn neu programmieren musst. Wenn Du Deinen Traum von finanzieller Sorglosigkeit und Wohlstand schneller und dauerhafter leben möchtest – was gibt es da Besseres, als einfach den Autopiloten umzuprogrammieren? Und dies ist keine Zauberei, es ist vielmehr ein Prozess.

Sobald wir dieses Konzept richtig verstanden haben, fühlen wir uns sehr befreit. Es gibt uns Hoffnung. Aber Verständnis ist nur die eine Seite der Medaille, denn »Verständnis« bedeutet, dass wir etwas nur vom Kopf her verstanden haben. Wollen wir tatsächlich die Resultate, die wir in unserem Leben erzielen, verändern, müssen wir dieses Verständnis auch auf der emotionalen Ebene, auf der Ebene unseres Unterbewusstseins, verankern. Und dies ist der schwierigere Teil.

Aber wie schafft man es, sich vom Unterbewusstsein her zu verändern? Das werden wir in diesem Buch Schritt für Schritt erklären.

Der Blick hinter die Fassade

Du weißt inzwischen: Die wirkliche Ursache der Resultate in Deinem Leben liegt in der Information, die in Deinem Unterbewusstsein einprogrammiert ist. Mit den Hacks in diesem Buch hast Du ein Veränderungsprogramm in der Hand, das auf die einfachste und effektivste Form destilliert wurde. Letztendlich gibt es nur zwei Arten, wie wir die in unserem Unterbewusstsein einprogrammierten Informationen verändern können: erstens durch ein außerordentlich starkes emotionales Erlebnis, z. B. einen Schock, und zweites durch konstante Wiederholung.

Die wenigsten Menschen verändern sich durch ein starkes emotionales Erlebnis. Der zuverlässigste Weg der Veränderung geschieht durch andauernde Wiederholung. Manchmal benötigen wir auch Hilfe: Dies ist einer der Gründe, warum sich Spitzensportler und High Performer einen Coach nehmen, und deshalb habe auch ich mir gute Mentoren gesucht. Sie helfen uns dabei, auf dem Weg zu bleiben und durch diesen Prozess der Re-Programmierung hindurchzugehen. Und das funktioniert!

Geh nun durch das erste Gate zum Reichtum: Bringe Ordnung in Deinen Geist!

2. SCHLÜSSEL:

DAS VERTRAUEN

Es gibt eine Kraft, die das gesamte Universum erfüllt und durchdringt. Alles, was wir wahrnehmen können, ist ein Ausdruck dieser einen Kraft. Sie arbeitet auf höchst präzise Weise – nach höchst präzisen Gesetzmäßigkeiten. Sie fließt jedem einzelnen Menschen zu, durchdringt alles. Wir alle arbeiten – bewusst oder unbewusst – mit ihr.

Die Bilder, die wir in unserem unterbewussten Geist halten, geben dieser Kraft eine Form. Dadurch kann sie sich in das Leben manifestieren, und dies geschieht auf gesetzmäßige Art und Weise. Möchtest Du etwas manifestieren, was von den derzeitigen Resultaten abweicht, musst Du dieses Bild als Erstes verändern. Aber dieser Prozess erfordert *absolutes Vertrauen in die Gesetzmäßigkeiten*.

Vertrauen ist die Verbindung zwischen dem Göttlichen und Dir. Was Du in Deinem Leben erreichst, steht in direktem Verhältnis zu

1. der Intensität Deines Vertrauens,
2. dem Durchhaltevermögen Deines Glaubens.

Doch bevor wir weitergehen, bitte ich Dich, die folgende **Übung** zu machen. Sie ist in unserem Veränderungsprozess sehr wichtig:

Beschreibe jetzt den Menschen, der Du wirklich sein willst! Notiere Deine Beschreibung!

Schreibe in der Gegenwartsform (»ich *bin* …, *habe* …, *mache* …« usw.) und so detailliert wie möglich auf, wie Du sein möchtest. Du kannst verschiedene Menschen oder einzelne Charakterzüge, die Du bewunderst, als Vorbild nehmen. Beginne, indem Du schreibst:

»Ich bin so glücklich darüber, dass ich …« Und dann beschreibe die Person, die Du werden willst, in allen Einzelheiten. Verschwende bitte keine Zeit damit, Dir zu überlegen, wie Du dahin kommen sollst. Beschreibe einfach ganz klar und detailreich den Menschen, der Du sein willst. Danach zeige ich Dir, wie Du dieses Bild zum Leben erweckst.

»**W**ir müssen erst ›sein‹, bevor wir ›tun‹ können, und wir können nur in dem Ausmaß ›tun‹, in dem wir ›sind‹, und was wir ›sind‹, hängt davon ab, was wir ›denken‹.«

Charles Haanel

Das Selbstbild

Unser Selbstbild ist die Instanz in uns, die uns Grenzen dahingehend setzt, was wir sind, und die uns somit auch sagt, was wir haben und was wir tun können. Es ist nicht möglich, das eigene Selbstbild auszutricksen – sei es in Bezug auf unser Körpergewicht, unser Einkommen, unsere Beziehungen oder was auch immer es sein mag. Unser Selbstbild ist unsere innere regierende Instanz, die die Grenzen für unsere Leistungen in jedem Bereich unseres Lebens setzt.

Die Höhlenparabel des Sokrates

Um eine tiefere Antwort auf die Fragen des Selbstbildes zu erhalten, gehe ich nun weit in die Philosophie zurück. Es gibt einige Menschen, die ich sehr gerne persönlich kennengelernt hätte, und einer von ihnen ist Sokrates (469–399 v. Chr.). Er war wahrscheinlich einer der größten Lehrer aller Zeiten, er lehrte viel, hat aber nichts Schriftliches hinterlassen. Doch sein Schüler Platon schrieb die Lehrdialoge des Sokrates auf, und so ist es Dir und mir vergönnt, diesen großen Lehrer zu treffen. Von Sokrates stammt eine Parabel, mit der man das Konzept des Selbstbildes sehr gut verstehen kann.

Stell Dir eine unterirdische Höhle mit einer langen Eingangs-
halle über die gesamte Breite der Höhle vor. Dort leben etliche Menschen seit ihrer frühesten Kindheit – sie sind ange-
kettet, sodass sie sich nicht bewegen können, nicht einmal
ihren Kopf. Sie können nur beobachten, was vor ihnen passiert. In einigem Abstand über und hinter ihnen befindet sich
ein Feuer. So können sie ihren eigenen Schatten sehen, der
mittels des Feuers auf die gegenüberliegende Seite der Höhle
geworfen wird.

Wie könnten sie etwas anderes sehen als die Schatten – wenn
es ihnen nicht möglich ist, ihren Kopf zu bewegen? Zwischen
dem Feuer und den Gefangenen befindet sich ein erhöhter
Weg mit einer niedrigen Wand; Letztere erinnert an die Wand
eines Puppentheaters, über die die Spieler ihre Puppen zeigen. Auf diesem Weg kannst Du Menschen mit allen möglichen Gegenständen entlanggehen sehen, die sie über diese

»Puppentheaterwand« halten und die vom Feuer auf die Höhlenwand reflektiert werden: Statuen von Menschen und Tieren aus Holz, Stein und anderen Materialien.

Von den Gegenständen, die auf diese Weise hin und her getragen werden, sehen die Gefangenen wiederum nur die Schatten. Wenn sie in der Lage wären, sich miteinander zu unterhalten, würden sie dann nicht über all das, was vor ihnen passiert, sprechen?

Nun stell Dir weiterhin vor, es gäbe ein Echo, das von den Wänden widerhallt. Wären sie dann nicht davon überzeugt, dass diese Stimmen von den vorüberziehenden Schatten stammen? Für diese Menschen wäre die Wahrheit nichts anderes als die Schatten, die an ihnen vorüberziehen.

Lass uns nun einmal schauen, was passieren würde, wenn einer der Gefangenen freigelassen würde: Am Anfang, wenn er von seinen Ketten befreit ist und ihm befohlen wird, aufzustehen, seinen Kopf zu drehen und in Richtung des Lichtes zu schauen, würde das grelle Licht ihn blenden; seine Sicht wäre zu verschwommen, um erkennen zu können, dass all das, was er zuvor gesehen hat, Schatten wirft. Und nun stell Dir vor, jemand würde zu ihm sagen, die Dinge, die er zuvor gesehen hat, seien nichts weiter als eine Illusion.

Wenn er sich nun der Wahrheit nochmals nähert, sich der wirklichen Existenz zuwendet, bekäme er allmählich einen klareren Blick. Was würde er sagen?

Würde der Mann, der ihn befreit hat, nun auf die Gegenstände zeigen und ihn bitten, ihm die Namen dieser Gegenstände zu sagen, wäre er dann nicht perplex? Würde er dann nicht denken, dass die Schatten, die er zuvor gesehen hatte, wirklicher sind als die Gegenstände, die er nun erblickt?

Lass uns weiter annehmen, dass er gegen seinen Widerstand aus der Höhle gezogen und festgehalten wird, bis er sich der Anwesenheit der Sonne bewusst ist. In diesem Licht sind seine Augen erst einmal irritiert. Er wäre wahrscheinlich nicht in der Lage, überhaupt irgendetwas von der sogenannten »Realität« zu sehen. Er müsste sich erst einmal an den Anblick der realen Welt gewöhnen. Als Erstes würde er wahrscheinlich die Schatten entdecken, als Nächstes die Reflexion der Dinge im Wasser und dann die Dinge selber.

Und dann wird er den Himmel betrachten, die funkelnden Sterne, das Licht des Mondes; er würde den Nachthimmel in all seiner Pracht sehen. Erst als Letztes wäre er in der Lage, die Sonne an sich, als Sonne, wahrzunehmen – und nicht nur ihre Reflexion im Wasser. Er wird die Sonne an ihrem angemessenen Platz sehen und nicht mehr an einem Ort, der nur Reflexion ist. Und er wird über die Sonne nachdenken und feststellen: Es ist die Sonne, die das Leben auf der Welt ermöglicht, die Jahreszeiten macht, den Tag erhellt, die Hüterin all dessen ist, was in der sichtbaren Welt ist, und in gewisser Weise ist sie die Ursache für all die Dinge, die die Mitmenschen haben und tun.

Mit großer Sicherheit wird er nun die Bedeutung der Sonne erkennen. Wenn er sich dann an seine alte Behausung erinnert, an die »Weisheit« der Höhle und das Wissen seiner Mitgefangenen: Glaubst Du nicht, dass er sich glücklich schätzen wird über die Veränderung seines Lebens? Hätte er Mitleid mit seinen ehemaligen Leidensgenossen, die noch nicht einmal wissen, dass sie leiden? Und male Dir aus, diese Gefangenen hätten eine besondere Gewohnheit entwickelt: Sie ehren denjenigen unter ihnen besonders, der die Schatten am besten sehen und am eloquentesten darüber sprechen kann, welcher Schatten vor dem anderen Schatten kam und welcher Schatten als erster wieder gegangen ist, und der am besten darin ist, Schlussfolgerungen zu ziehen, wie die Zukunft aussehen wird. Glaubst Du, dass sich dieser Mensch immer noch danach sehnen würde, solche Ehrungen und Auszeichnungen zu bekommen? Würde er nicht wie der Dichter Homer sagen: »Besser der arme Diener eines schlechten Herrn sein und alles ertragen, als so zu denken, wie es diese Menschen tun, und in ihrer Weise zu leben.«

Jetzt stell Dir noch einmal vor, was passieren würde, wenn dieser Mann aus der Sonne zurück in die Höhle käme und seinen alten Platz einnehmen würde: Nähmen dann seine Augen nicht vor allem die Dunkelheit wahr? Und wenn es einen Wettbewerb gäbe, in dem die Schatten gemessen werden sollen, und er müsste sich mit den Gefangenen messen, die noch niemals die Sonne erblickt und niemals die Höhle verlassen haben, während seine Augen immer noch schwach sind und die Schatten kaum erkennen können: Würden sie ihn nicht alle auslachen? Ihm sagen, er habe sich seine Augen verdorben, indem er dort hinausgegangen ist? Und dass es besser wäre, nicht einmal darüber nachzudenken, dort hinauszugehen? Falls so ein »Sonnenerblicker« auch nur versuchen würde, einen anderen Mitgefangenen zu befreien, um auch ihn ins Licht hinauszuführen, würden die anderen wahrscheinlich versuchen, diesen vermeintlichen Übeltäter zu fangen und zu töten.

Die Parabel wurde das erste Mal bereits im 18. Jahrhundert von Friedrich Schleiermacher ins Deutsche übersetzt. Ich habe mir erlaubt, diese Übersetzung in eine etwas modernere Form zu bringen, ohne den Sinn zu verändern. Außerdem habe ich einen Zeichentrickfilm aus dem Jahr 1974 gefunden, der dieses Gleichnis, wie ich finde, wirklich sehr gut veranschaulicht. Der Film ist von Sam Weiss und wurde im Original von Orson Welles gesprochen.[1]

Du kannst unter diesem Link das Video auch anschauen, ich habe es dort für Dich übersetzt:
www.ReichtumsHacks.de/hoehlengleichnis

---

1 The Cave [videorecording]: a parable / told by Orson Welles; produced by Nick Bosustow, C.B. Wismar; directed by Sam Weiss. Chicago, Ill.: SVE & Churchill Media, ©1974. Subjects Plato. Republic.

Das Selbstbild neu programmieren

▬▬ ▬▬ ▬▬

Viele Menschen stehen im Grunde kurz vor der Zielgeraden. Sie könnten das freie Leben haben, das sie wirklich leben wollen. Und doch haben sie kurz vor der Zielgeraden Angst, dass sie scheitern könnten. Wenige begreifen, dass dies etwas mit ihrem Selbstbild zu tun haben kann.

Für Sokrates bestand die wirkliche Gefahr darin, dass wir niemals der unterirdischen Höhle, diesem Gefängnis, entfliehen, wenn wir nicht das Bewusstsein entwickelt haben, dass wir selber auch Gefangene sind, die in einer unterirdischen Höhle leben. Die Höhle, in der wir eingesperrt sind, ist unser eigenes Selbstbild, unser Paradigma, unsere Konditionierung.

Zu erkennen, dass wir in einem Gefängnis leben, ist sehr schmerzhaft. Aber wenn wir es nicht erkennen, werden wir niemals ausbrechen können.

Vielleicht kennst Du die Geschichte: In Indien wird einem neugeborenen Elefanten eine Kette ums Bein gelegt, um ihn an einem im Boden steckenden Holzpflock zu fixieren. Der arme kleine Kerl versucht tagelang, zu ziehen, aber er ist zu schwach, um sich zu befreien. Er versucht es mehrere Tage und Wochen, doch schließlich gibt er auf, weil er bemerkt, dass er sich nicht befreien kann.

Jahre später, wenn dieses Tier ausgewachsen ist und es sogar voll beladene Eisenbahnwaggons bzw. das Zehnfache seines eigenen Körpergewichts ziehen kann, wird ihm nach einem langen Arbeitstag wieder die Kette um sein Fußgelenk gelegt. Ohne mit der Wimper zu zucken, könnte der Elefant den Pflock mitsamt der Kette herausziehen. Doch er bleibt weiterhin gefangen; er wird sich nicht wegbewegen. Das Einzige, was diesen Elefanten zur Flucht bewegen würde, ist Feuer, aber noch nicht einmal Hunger würde ihn dazu bringen, zu fliehen.

Und nun frage ich Dich: Was ist es, das diesen Elefanten wirklich hält? Konditionierung?

Ein Elefant hat vermutlich kein Selbstbild, und ich gehe davon aus, dass es auch keinen Menschen weltweit gibt, der mit einem fertigen Selbstbild geboren wurde.

Wie wir weiter vorne dargelegt haben, *bist* Du nicht der Körper, sondern Du *hast* einen Körper. Und somit *bist* Du auch nicht Dein Selbstbild, sondern Du *hast* ein Selbstbild, das sich erst durch die Konditionierung entwickelt: als Baby, als Kind, als Jugendlicher … und jetzt noch immer!

Dein konditioniertes Selbstbild hat wahrscheinlich sehr wenig mit dem zu tun, was Du hier auf der Erde erleben und erreichen möchtest. Aber im Gegensatz zu dem Elefanten hast Du ein Bewusstsein, die Fähigkeit der Erkenntnis und kannst somit ein »Gegengift« gegen die Konditionierung anwenden.

Insofern möchte ich noch einmal betonen, dass die vorher beschriebene Übung, bei der Du den Menschen beschreiben solltest, der Du sein willst, wirklich Deine größte Sorgfalt wert ist. Denn sobald Du das Konzept der Neuprogrammierung Deines Selbstbildes voll verstanden hast (und es effektiv einsetzt), kannst Du alles sein, haben und tun, was immer Du willst.

Allein die Veränderung Deiner Beziehungen und Deiner Finanzen wird Dich in Erstaunen versetzen. Die Art und Weise, wie Du Dich selber siehst, wird sich dramatisch verbessern. Unangebrachte Kommentare anderer Menschen werden Dich nicht mehr treffen; sie werden von Dir abperlen, weil *Du* jetzt die Kontrolle hast.

Gedanken erschaffen das Leben

Gedanken werden zu Dingen, indem sie mit Handlung und Gefühlen verbunden werden, mit strategischen Allianzen, mit Talenten und Deiner individuellen Berufung in diesem Universum. Außerdem werden sie unsere Weltanschauung, unsere Identität, sie werden zu unserem Selbstbild und letztendlich ein Teil unseres Schicksals.

Gedanken werden Wirklichkeit.

Betrachten wir dies von einer anderen Seite: Alles war zu einer gewissen Zeit einmal ein Gedanke. Alles, was nicht natürlich gewachsen oder Wasser ist, wurde von der menschlichen Vorstellungskraft, vom menschlichen Geist geformt. Und daher:

Alles, was Du siehst …, wurde *zweimal* erschaffen.

Denken – die wichtigste Fähigkeit des Menschen

Während des Denkprozesses werden einzelne Gedanken genommen und neu zusammengefügt. Dadurch werden Ideen erschaffen. Indem diese Ideen im Geist gehalten werden und wir uns emotional darauf einlassen, wird das essenzielle Element »Handlung« mit hineingebracht. Dies verursacht eine Anziehung dessen, was wir zum Erreichen des Zieles benötigen. Und diese Anziehung wiederum bewirkt, dass sich die Umstände, Bedingungen und das Umfeld im Leben verändern.

Es reicht aber nicht aus, nur über Träume zu reden, an Träume zu denken, zu beten, zu hoffen und zu wünschen. Nein, die eigene Handlung ist wichtig! Mit einem einzigen Handlungsschritt beginnt sich alles zu verändern. Denn dann denkt man nicht einfach nur darüber nach, spricht nicht länger nur darüber, sondern dann *tut* man auch etwas dafür. Unsere Mitmenschen nehmen uns ganz anders wahr, und auch wir nehmen die anderen anders wahr. Je besser wir diese neue Perspektive halten können, desto mehr tauchen neue Ressourcen auf. Es ist nicht so, dass einfach alles auf einmal fertig ist. Nein, aber wir bekommen immer wieder einzelne Schnipsel davon zu sehen. Wir werden immer nur ein Stückchen sehen, so, als wenn ein Same nach dem anderen aufgeht.

Doch wenn Du diesen Keimling schützt und nährst, wird er wachsen, Wurzeln bekommen und Knospen entwickeln, die zu blühen beginnen, und es werden immer mehr Ideen zu Dir kommen. Das ist die Art, wie Du Deinen Traum Wirklichkeit werden lässt.

Tägliche Minischritte

Das Vertrauen in das Gesetz des Wachstums ist sehr wichtig. Nachdem Du eine sehr klare Idee Deines Ziels in Dir trägst, musst Du nun täglich diesen Traum nähren. Dabei wird Dir das Gesetz des Wachstums helfen. Es wird Deinen Traum größer und realer werden lassen. Aber Du musst wirklich jeden Tag Handlungsschritte unternehmen. Handle und erschaffe das, was man einen »WOW-Moment« nennt. Einen Moment, in dem Du Dich jetzt schon auf das Erreichen Deines Ziels freust. Ein Minischritt in die Richtung Deines Traums, in Richtung dessen, was Du erschaffen willst.

Das Gesetz des Universums funktioniert wirklich. Doch wir selber müssen lernen, wie es funktioniert. Wir müssen lernen, mit ihm im Einklang zu sein, und es tagtäglich praktizieren. Von daher sind selbst Minischritte eine großartige Möglichkeit, um vorwärtszugehen; sie können Dich bis auf den Mount Everest führen, wenn Du sie kontinuierlich gehst. Der Wandel findet zuerst im Inneren statt, bevor er sich im Außen zeigt. Und gerne wiederhole ich es:

Bevor sich der Wandel im Außen zeigt, muss sich der Wandel in Deinem Inneren vollziehen.

Wenn Du nicht sofort Ergebnisse erkennen kannst, sei Dir dessen bewusst, dass die Ergebnisse bereits im Werden sind. In der Tat ist es so, dass Du erst einmal Dein Bewusstsein aufbauen musst, und danach kannst Du beginnen, nach kleinen Beweisen und Erfolgen Ausschau zu halten, die tatsächlich in die gewünschte Richtung unterwegs sind. Schau einmal genau hin – ich bin davon überzeugt, dass sie sich sogar jetzt schon zeigen.

Blindes Vertrauen

Früher verstand ich nicht, warum ich nicht vorankam, obwohl ich doch scheinbar blind vertraute. Doch damals habe ich mich oft nur auf mein blindes Vertrauen verlassen. Wurde ich jedoch mit Umständen konfrontiert, die ich nicht mit Leichtigkeit bewältigen konnte, entschied ich mich meistens wieder für die vermeintliche Sicherheit; ich ging in meine Komfortzone zurück.

In Wirklichkeit aber ist Vertrauen nötig, verbunden mit einem profunden Verständnis der Gesetzmäßigkeiten des Universums.

Ein Verständnis, das uns dabei hilft, mit der nötigen Selbstsicherheit durch die Angst hindurchzugehen, um in das unbekannte Gebiet – außerhalb unserer Komfortzone – vorzustoßen.

Der Faktor Zeit

Mindestens fünf Jahre dauert es, bis man ein Handwerksmeister ist. Um ein Virtuose auf einem Instrument zu werden, muss man jahrelang hart üben. Ein Gehirnchirurg hat eine lange Ausbildung hinter sich und lernt weiterhin dazu.

Wir können nicht einfach ein paar Bücher lesen in dem Glauben, dann verstanden zu haben, wie das Leben wirklich funktioniert. Wir müssen die Entscheidung treffen, dass wir anfangen wollen, mehr über uns selber zu lernen.

Von meinem Mentor Les Brown habe ich eine Metapher gelernt, die sehr gut verdeutlicht, was ich sagen möchte:

Das Wachstum eines Bambusbaums benötigt folgenden Prozess: Der Samen wird gepflanzt. Danach wird er jahrelang bewässert und gepflegt. Erst am Ende des fünften Jahres wächst der Bambus, der zuvor nicht aus der Erde geschaut hat, innerhalb von sechs Wochen mehr als 20 Meter hoch. Meine Frage ist nun: Ist er in sechs Wochen größer als 20 Meter geworden oder in fünf Jahren? Natürlich in fünf Jahren, richtig? Denn wenn wir zu irgendeinem Zeitpunkt aufgehört hätten, ihn zu gießen und die Erde zu pflegen, wäre der Bambusbaum in der Erde gestorben.

Weil wir ungeduldig sind und alles gleich und sofort haben wollen, erlauben wir unseren Träumen, zu sterben. Wir lassen zu, dass sie durch Zurückweisung, Bankrott oder negative Ausreden usw. sterben – und das nur, weil wir ungeduldig sind.

Ungeduld ist nichts weiter als Angst. Angst ist mangelndes Vertrauen – der größte Killer unserer Träume.

Wir vertrauen nicht. Wir glauben nicht. Glaube und Vertrauen geben uns Geduld und heilen die Angst.

Ziele definieren
▬▬ ▬▬ ▬▬

Bereits vor unserer Geburt, sogar schon bei der Zeugung, werden wir darauf programmiert, einem bestimmten Pfad zu folgen. Dies nennt man »genetische Programmierung« und ist Teil unseres Paradigmas, es ist Teil des Kontrollmechanismus unseres Geistes. Aber nicht nur das, wir werden auch von unserer Umwelt programmiert.

Die Gedanken, die wir halten, und die Resultate, die wir wählen, beginnen Glaubenssätze zu formen. Sie erschaffen das Paradigma und die Filter, mit denen wir die Welt sehen. Die Glaubenssätze bestimmen tatsächlich unsere Handlungen. Und wir müssen keine Genies sein, um voraussagen zu können, dass unsere Handlungen Einfluss auf die Resultate haben, die wir bekommen.

Du solltest die folgenden zwei Punkte klären, denn wir können Stift und Papier zur Hand nehmen und über unser eigenes Schicksal entscheiden:

1. **Du musst entscheiden, was Du willst!**

2. **Um das Gewünschte zu bekommen, musst Du Dir darüber im Klaren sein, welcher Mensch Du zuvor warst und welcher Mensch Du zur Zielerreichung werden musst.**

Schreibe Deine Antworten wie eine Geschichte auf, und zwar in der Gegenwartsform. So, als wäre Dein Idealbild schon Wirklichkeit geworden. Wenn wir das nicht tun – leider machen es die wenigsten –, ist vorbestimmt, dass unser Leben dem Plan unseres Paradigmas folgt, das bereits seit unserer Geburt in uns eingeprägt ist.

Wir haben aber die Fähigkeit, genau das zu ändern. Lass sie uns nutzen!

Baue ein Bild auf, lass Dich gefühlsmäßig darauf ein, halte dieses Bild vom Leben, das Du führen willst, in Deinem Geiste fest – und Du wirst allmählich sehen, dass sich die Ergebnisse zu manifestieren beginnen. Auf diese Weise erschaffst Du Dir vertrauensvoll das Leben, das Du führen möchtest.

Der Einklang von Ziel und Bestimmung

Unsere Talente wurden uns gegeben, um der Welt zu dienen! Nicht um reich zu werden – das werden wir dann schon, wenn wir unsere Talente auf die richtige Weise einsetzen.

Vielleicht bist Du frustriert, weil Du schon so vieles probiert hast, um Deine Existenz mit Tätigkeiten zu sichern, die Deinen Talenten entsprechen, und Du hast eventuell schon sehr viel gelesen und auch umgesetzt.

Als ich z.B. vor Jahren versuchte, reich durch meine Talente zu werden, war ich sehr traurig, weil es nicht klappte. Ich habe mit den Prinzipien des positiven Denkens gearbeitet, habe Ziele aufgeschrieben, visualisiert, affirmiert …, und danach war ich oft sehr deprimiert, weil das Gewünschte sich nicht manifestiert hatte. Ich versuchte etwas Großes aufzubauen, aber es klappte einfach nicht, obwohl ich doch all die Prinzipien anwendete – so glaubte ich zumindest. Dabei hatte ich etwas Grundlegendes übersehen …

Und dann, eines Tages, während einer Meditation, hatte ich eine tiefe Erkenntnis:

Reichtum und Erfüllung kommen nicht daher, dass man genau *das* tut, was man liebt, sondern dadurch, dass man *all das* tut, *weil man die Menschen liebt.*

Und das ist die *eine* Sache, die ganz bestimmte, alles entscheidende Sache, die man selbst erleben und erfahren muss.

Du bist definitiv nicht hier, um Deine Talente und Leidenschaften zu Deiner eigenen Selbstverwirklichung zu leben.

Du bist hier, um Deine Talente und Leidenschaften in den Dienst der Menschen und der Welt zu stellen!

Und dabei ist es nicht entscheidend, ob Du 3 Menschen dienst oder 30, 3000 oder 30 Millionen … Entscheidend ist, dass Du den Menschen mit Deinen Talenten und Gaben dazu verhilfst, die Probleme zu lösen, die sie haben, und die Dinge zu bekommen, die sie brauchen, um glücklich zu sein.

Und *wie* kommst Du dahin, Deine Ziele im Einklang mit Deiner Bestimmung zu erreichen?

Nun, wir leben in einer Navigationssystem-Gesellschaft und denken, wir müssten jeden einzelnen Schritt kennen, bevor wir überhaupt losgehen können. Aber das funktioniert nicht!

Denn zu wissen, *wie* man diese Lebensaufgabe genau erfüllen sollte, könnten wir bestenfalls erraten. Das *Wie* sollten wir unserem Schöpfer überlassen, unserer Beziehung zu Gott und unserem Verständnis davon, wie Gott mit uns und durch uns handelt.

Wir müssen nicht jeden einzelnen Schritt bereits im Voraus kennen und planen. Wir sollten nur den allerersten Schritt kennen und ihn gehen.

Der große Denker Henry David Thoreau sagte:

Wenn wir vertrauensvoll einfach nur in die Richtung unseres Traumes gehen, können wir das Leben leben, das wir wirklich führen wollen.«

Achte also darauf, bevor Du Dir ein Ziel setzt, Dir folgende Frage zu stellen:

»Ist dieses Ziel wirklich im Einklang mit meiner Bestimmung?«

Falls die Antwort »Ja« lautet, starte in die Richtung Deines Ziels, mach den ersten Minischritt – und vertraue vollkommen darauf, dass Dir alle anderen Schritte wie von selbst gezeigt werden.

Immer wieder höre ich Klagen wie: »Mir wächst die ganze Verantwortung über den Kopf, und ich habe das Gefühl, festzustecken.« Genau dieses Denken ist das Problem: zu denken, dass Du feststeckst. Eine wundervolle, magische Frage, die Du Dir in diesem Fall immer wieder stellen kannst, lautet:

> **»Angenommen, ich würde nicht glauben, dass ich feststecke: Welche Möglichkeiten hätte ich dann?«**
> **»Wenn ich nicht glauben würde, dass ich für den Rest meines Lebens feststecke: Was könnte ich dann tun?«**

In dem Moment, in dem Du lösungsorientiert denkst, beginnst Du, in Richtung von Möglichkeiten zu denken. Du sagst Dir: »Ich kenne die Gelegenheit noch nicht, aber vielleicht ...« Und dann frage Dich:

> **»Was wäre, wenn ich nicht glauben würde, dass es völlig unmöglich ist, ein erfüllendes Leben zu führen: Was würde ich dann tun?«**

Diese Frage könnte für Dich wie ein plötzlicher, erfrischender Regenschauer sein, der sich auf ein zuvor völlig ausgedörrtes Land ergießt. Egal, wie aussichtslos etwas scheinen mag: Sei offen für Möglichkeiten! Offen dafür, dass es Hilfe gibt.

Fange an zu erwarten, dass es im Leben für Dich besser laufen wird. Und dann frage Dich: »Was muss ich dafür anders machen?«

Keine Macht den Fehlern

Beginne ich mit neuen Klienten zu arbeiten, höre ich von ihnen immer wieder: »Ja, aber weißt du, Alexander, ich habe sehr früh sehr viele Fehler gemacht. Ich habe einige kurzsichtige Entscheidungen getroffen, die langfristige Folgen haben, und deshalb kann ich meine Träume leider jetzt nicht ausleben und niemals mehr frei sein.«
Und ich antworte ihnen: »Nun, das liegt alles in der Vergangenheit. Das ist alles vorbei – dafür hast du bereits gezahlt.«

Erlaube niemals, dass Du von etwas, was gestern, letzte Woche, letzten Monat, letztes Jahr, vor zehn Jahren oder gar in Deiner Kindheit passiert ist, definiert wirst! Denn für die Fehler der Vergangenheit hast Du bereits gezahlt; Du musst nicht zweimal dafür zahlen. Und Du hast auch für Fehler, die andere gemacht haben, bereits gezahlt. Es ist vorbei, es ist bereits erledigt. Wenn Dich jemand in der Vergangenheit schlecht behandelt hat, hast Du das ebenfalls bereits bezahlt: Du hast Dich schon damals deswegen schlecht gefühlt.

Beginne jetzt ganz neu zu definieren, was Du wirklich willst! Fange an, die ersten Schritte in Richtung Deines Traumberufes, Deiner Traumbeziehung, Deines Traumlebens oder Deiner Freiheit zu gehen. Was Du dafür brauchst? Einen Geist, der willens ist, zu erforschen, zu expandieren und sich zu erweitern. Und diesen Geisteszustand zu haben – das liegt in Deiner Wahlentscheidung.

Du kannst auf Dich selber stolz sein, denn Du hast bereits schwerwiegende Herausforderungen überstanden, um dort zu sein, wo Du jetzt bist. Deshalb:

Gib den Fehlern Deiner Vergangenheit keine Macht! Sie liegen hinter Dir.

Schau Dich selber an – hier und jetzt. Baue darauf. Baue auf das, was Du in die Welt gebracht hast und was Du überwunden hast. Und dann wirst Du begreifen, dass Du so vieles mehr erreichen kannst, wenn Du einfach das anwendest, was in Dir ist. Denn es ist Dein Leben und Du bist der/die Mitschöpfer*in. Du kannst das Leben wählen, das Du führen möchtest.

Möglichkeiten vs. Probleme

Ein Problem ist in Wirklichkeit kein Problem. Das Problem liegt vielmehr darin, wie man über dieses Problem denkt. Es ist niemals zu spät, Dein Leben zu ändern und Deine Freiheit zu verwirklichen. Daher stelle Dir die folgende Frage:

»Wohin will ich von diesem Ausgangspunkt gehen?«

Beginne Dich auf Möglichkeiten zu fokussieren, denn das, worauf Du Dich am längsten fokussierst, wird am stärksten werden.

Wir alle könnten uns als Opfer fühlen. Ich könnte zum Beispiel sagen: »Nun ja, ich hatte eine schwere Kindheit, ich wurde als Baby sechs Wochen auf der Intensivstation isoliert und habe ein Trauma, ach, ich bin ein mehrfaches Scheidungskind, ach, ich habe schlimme Erfahrungen gemacht …« Jahrelang rannte ich hinter diesen Traumata her. Einerseits wollte ich sie für immer heilen – anderseits waren sie meistens auch nützliche Ausreden … All diese Geschichten, auf die ich mich fokussierte, dominierten mein ganzes Denken. Doch dann begann ich, dieses Drehbuch in meinem Kopf umzudrehen, und war absolut davon überzeugt, dass das, was ich habe, genug ist.

Merke: Das, was Du hast, ist genug! Und dort, wo Du gerade bist, ist der richtige Ort! Das ist alles, was Du wissen musst.

Selbst wenn Dein Vertrauen lediglich die Größe eines Senfkorns hätte: Ein Senfkorn ist so klein, dass Du es in Deiner Hand kaum siehst, und doch wird aus diesem winzigen Senfkorn eine richtig große Pflanze. Senfkorngroßes Vertrauen – das wäre immerhin ein guter Anfang. Du musst nicht jede Menge Vertrauen direkt zu Beginn haben. Senfkorngröße ist ausreichend.

Das Ziel gibt den Handlungen die Richtung

Es gibt Menschen, die keinen Traum haben, aber jeden Tag unglaublich viele Handlungen unternehmen. Sie sind sehr beschäftigt. Da sie aber ohne Ziel – nur als Alibi – tagtäglich viel tun, gibt es nichts, was sie von einem Hamster unterscheidet, der jeden Tag in seinem Hamsterrad herumrennt. Klar, sie bekommen jede Menge getan und sie können sich einreden: »Aber ich mache doch ganz viel!« In Wahrheit aber bewegen sie sich nirgendwohin.

Daher ist es zwingend notwendig, einen Traum zu haben! Denn Dein Traum gibt Deinen Handlungen eine Richtung. Was ist *Dein* Traum?

Die äußeren Umstände sind das Spiegelbild der inneren Umstände

»Ach, ich würde ja echt gerne glauben, was du sagst, Alexander, und alles umsetzen, aber ich stecke halt fest. Wenn ich endlich zu Hause bin und die Kinder im Bett sind, bin ich total fertig. Das Wasser steht mir bis zum Hals, ich habe weder Zeit noch Geld, die Sachen zu kaufen oder die Seminare zu besuchen, von denen du sprichst, und ehrlich gesagt weiß ich nicht, wie ich all das schaffen soll.«

Diesen Satz höre ich immer wieder. Als Antwort stelle ich dann gerne folgende Frage:

»**Gibt es etwas, von dem du weißt, dass du es tun könntest, etwas, von dem du weißt, dass du es tun solltest, und von dem du weißt: Wenn du es tun würdest, würde es dich näher in die Richtung deines Traumes bringen?**«

Ich verlange nicht, dass die Leute sofort eine Antwort darauf haben. Ich erwarte auch nicht, dass sie dadurch sofort einen riesigen Durchbruch haben. Aber ich stelle oftmals eine weitere wichtige Frage:

»**Wie sieht dein nächster Schritt aus?**«

Ein Mann, der mich sehr inspirierte, ist Mike Jones. Er bietet das Seminar »Wie verdiene ich 200.000 Dollar im Jahr – mit geschlossenen Augen?« an. Mike Jones ist blind. Er verlor sein Augenlicht im Alter von zehn Jahren.

Tawana Williams ist eine sehr inspirierende Frau, Autorin des Buchs »Armlos – aber nicht harmlos …«. Sie kam ohne Arme auf die Welt, war zehn Jahre lang cracksüchtig; heute hat sie Kinder und ist außerdem Präsidentin ihrer eigenen Firma.

Von diesen beiden Menschen habe ich gelernt, mir immer wieder selbst zu sagen:

»**Höre auf, dich auf deine äußeren Resultate zu fokussieren. Frage dich lieber, wie du dein Leben wirklich haben willst. Und dann unternimm Handlungsschritte, die dir beweisen, dass du nicht nur darüber redest.**«

Was Mike und Tawana mir damals sehr schmerzhaft gezeigt haben, war: Ich bin nicht inspiriert, und zwar weil ich kein *Ziel* habe! Es gab durchaus etwas, was ich wollte. Aber ich wünschte es mir nur. Und ich ließ mich davon kontrollieren, was in meiner äußeren Welt vor sich ging. Außerdem durfte ich erkennen, dass meine äußeren Umstände nichts weiter sind als das Spiegelbild meiner inneren Umstände.

Der Traum bringt uns auf den Weg

Als Coach und Mentor habe ich auch mit scheinbar »aussichtslosen Fällen« (wie sie sich selbst bezeichneten!) gearbeitet. Sie steckten fest – viel mehr, als wir es uns jemals vorstellen können. Und ich habe miterlebt, wie sie sich verändert haben.

Es gibt einen Weg. Aber Du musst einen *guten Grund* finden. Es muss etwas sein, was Du wirklich willst! Ein Traum ist – vereinfacht gesagt – etwas, was Du unbedingt haben willst. Er muss Dich so sehr inspirieren, dass Du bereit bist, dafür Stunden, Tage, Wochen oder Jahre Deines Lebens zu opfern, um ihn zu erreichen. Es müssen nicht alle Träume »Mutter-Teresa-Träume« sein. Wir haben Glück, dass es Menschen gibt, die diese Welt verbessern wollen. Aber Dein Traum, dass Du mehr Zeit mit Deiner Familie verbringen willst, dass Du für Deine Leistungen gut bezahlt wirst, Dich wirklich gesund und körperlich fit fühlst und endlich reich bist …, ist vollkommen legitim. Wunderbare Träume, an denen Du als Mensch wachsen wirst. Und deshalb sind wir doch hier! Wir sind auf dieser Welt, um zu wachsen. Wachstum ist unser wahrer Reichtum.

Dankbarkeit

Wenn Du die Welt mit ihren unbegrenzten Möglichkeiten betrachtest oder Dein Leben als eine aufregende Reise empfindest, kannst Du nicht anders, als jeden Tag in einem Zustand voller Dankbarkeit aufzuwachen. Ich behaupte nicht, dass Dankbarkeit automatisch zu Handlungen führen wird oder dass Dankbarkeit alles von alleine für Dich erledigt. Aber Dankbarkeit führt Dich in eine ganz besondere Schwingung, die das Gesetz der Anziehung in Gang setzt. Denn es sind Deine Gefühle, die die Schwingung verändern und somit den Prozess starten.

Als nächsten Schritt musst Du … Dich verlieben:

Verliebe Dich in das, was Du sein, tun und haben willst!

Die emotionale Bindung
━━ ━━ ━━

Rein verbale Wiederholung des Wunsches bringt nichts. Du musst ihn mit emotionalen Gefühlen vermischen und ihn verinnerlichen. Du musst quasi zum/zur Schauspieler*in werden und diese Rolle wirklich leben. Es ist nicht einfach nur ein Wunsch, es muss zu einem alles beherrschenden Verlangen werden, für das Du Dein Herzblut gibst.

Fülle Deinen Wunsch mit Emotionen – regelmäßig. Denn dann wird dies zu einer Gewohnheit. Du musst Dich emotional mit dem Menschen verbinden, der Du sein wirst, um das zu bekommen, was Du willst – sonst wird nichts passieren.

Fallbeispiel: »Wenn ich nicht glauben würde, dass es unmöglich ist, was könnte ich dann tun?«

Ich möchte Dir jetzt eine Geschichte erzählen. Mary Morrissey hat sie mir während eines Coachings erzählt.

Bevor Mary als Autorin und Sprecherin berühmt wurde, war sie Reverend einer kleinen Gemeinde. Dort lebte eine junge, alleinerziehende Mutter von zwei Kindern. Sie hatte keinen Schulabschluss, der Vater der Kinder hatte sich schon lange aus dem Staub gemacht und zahlte keinen Unterhalt. Also hatte sie zwei Jobs gleichzeitig: Sie arbeitete in einem Schnellrestaurant, und nachts nähte sie Kleidung von Kundinnen und Kunden um, damit sie genug Geld verdiente, um mit ihren Kindern überleben zu können. Sie lebte in einer sehr kleinen Zweizimmerwohnung, die monatlich 500 Dollar Miete kostete – mehr konnte sie sich nicht leisten.

Eines Tages kam sie mit diesen Ideen in Berührung und fragte sich: »Also, wenn ich einen Traum hätte, wie sähe er aus?« Und sie dachte sich: »Ich hätte gerne ein Zuhause mit drei Schlafzimmern, damit jeder von uns seinen eigenen Raum haben kann.« Aber wie sollte sie das je hinbekommen? Sie verdiente ja kaum genug, um für die jetzige Miete aufzukommen.

Was sie aber wirklich wollte, war ein kleines Haus mit einem einge-
zäunten Garten, damit sie ihrem siebenjährigen Sohn, der sich nach
einem Hund sehnte, seinen Wunsch erfüllen könnte. Im Wohnraum
sollte ein offener Kamin dafür sorgen, dass sie es im Winter kuschelig
warm hätten. Sie beschrieb genau die Küche, in der es ein Fenster
über der Spüle geben sollte, weil sie es satt hatte, beim Geschirrspülen
auf die nackte Wand zu starren. Und sie wollte einen Torbogen als
Eingang. Vor dem Haus sollte ein kleiner Jägerzaun stehen. Nachdem
sie alles beschrieben hatte, seufzte sie und sagte: »Jetzt fühle ich mich
überhaupt nicht besser, jetzt fühle ich mich noch viel schlechter, weil
diese blöde Übung mir nun gezeigt hat, dass das, was ich will, für
mich unerreichbar ist.« Sie war richtig sauer.

Also wurde sie gefragt: »In Ordnung. **Was würdest du tun, wenn
du nicht glauben würdest, dass es unmöglich ist?** Was, wenn du
einfach danach suchst?«

Daraufhin meinte sie: »Na ja, ich habe eigentlich schon genau das
Häuschen gefunden, wonach ich suche, aber ich fühle mich nicht
besser, eigentlich fühle ich mich sogar schlechter: Es müsste eine
Menge renoviert werden! Die Holzböden müssten abgeschliffen
und neu geölt werden, die Einbauschränke müssten wieder aufge-
möbelt werden, und die Glasscheibe des Fensters über der Spüle
ist zerbrochen. Es gibt einen kleinen Kaminofen, aber im Garten
ist der Rasen kaputt. Und es gibt drei kleinere Schlafzimmer und
einen Jägerzaun, der neu gestrichen werden müsste … Und jetzt«,
schloss sie ab, »fühle ich mich schlechter.«

»Gut«, meinte ihr Gegenüber. **»Wenn du nicht glauben würdest,
dass es unmöglich ist, das Häuschen zu mieten und die Reno-
vierungen durchzuführen – was dann?«**

»Ich weiß nicht, wie das gehen soll. Es kann nicht funktionieren.
Weißt du, ich fühle mich einfach noch schlechter.«

Ihr wurde wieder die gleiche Frage gestellt: **»Wenn du nicht glauben würdest, dass es unmöglich ist – auf welche Idee könntest
du dann kommen?«**

Und sie bekam eine Idee: Sie könnte dem Vermieter einen Brief schreiben, um ihm von sich und ihren Kindern zu erzählen und von ihren Vorstellungen, was sie für dieses Haus tun würde, wenn er es ihr für ein Jahr zum Preis von 500 Dollar im Monat vermieten würde. Sie könnte ihm schreiben, wie sie die Holzböden schleifen und ölen würde, wie sie die Einbauschränke in der Küche verschönern würde, wie sie neuen Rasen säen, Blumen pflanzen und den Jägerzaun neu streichen würde. Wenn er das Material bezahlen würde, würde sie ihre Arbeitskraft zur Verfügung stellen. Sie schrieb einen wunderschönen Brief, unterschrieb ihn und steckte ihn in den Briefkasten.

Zwei Wochen später bekam sie einen Anruf. Es war der Eigentümer des Hauses. Er sagte: »Ich weiß nicht, warum ich das tue. Ihr Brief liegt bereits seit zwei Wochen auf meinem Schreibtisch; ich habe zwei Angebote zum vollen Mietpreis, aber irgendetwas in Ihrem Brief lässt mir keine Ruhe. Deshalb schlage ich Ihnen vor, dass Sie einen Vertrag unterschreiben, in dem Sie genau angeben, was Sie in jedem einzelnen Quartal tun wollen, und ich gebe Ihnen das Haus für 500 Dollar im Monat.«

Nun hatte sie also das manifestiert, was sie sich wirklich erhofft hatte. Vom materiellen Standpunkt aus gesehen hätte es keinen anderen Weg für sie gegeben, wie sie aus ihrem derzeitigen Zustand heraus dieses neue, bessere Zuhause hätte erschaffen können.

Der interessanteste Teil ist jedoch nicht die Tatsache, dass sie das Haus bekam und es renovierte, nein, interessant ist vor allem, *wer sie in diesem Prozess wurde,* denn sie begann sich selbst als jemand zu entdecken, der etwas erschaffen kann. Sie entdeckte sich als eine Schöpferin, die ein mächtiges inneres Bild haben kann. Und obwohl sie noch nicht wusste, wie sie es tun sollte, hatte sie gelernt, dass sie bereits die Gesetze des Universums bewusst anwenden und in einer Geisteshaltung verweilen konnte, die sagt: »Wenn ich nicht glauben würde, dass es unmöglich ist – was würde ich tun?« Nachdem sie eine Idee hatte und die ersten Schritte unternahm, begannen sich die Vorstellungen in der Wirklichkeit zu entfalten.

Vielleicht interessiert es Dich noch, dass sie sich im Verlauf dieses Prozesses beruflich veränderte: Sie bildete sich weiter, bekam einen wesentlich besseren Job, verdiente sehr viel mehr Geld, wurde in Folge immer zufriedener mit ihrem Leben und war mit ihren beiden Kindern in einer positiven Aufwärtsspirale.

Du musst also ein sehr klares Bild auf der Leinwand Deines Geistes und in Deinem Bewusstsein erschaffen: Welcher Mensch bist Du, wenn Du das bekommst, was Du willst?

Indem Du genau diese Rolle spielst, die Du in Deinem »Lieblingsleben« spielen wirst, bekräftigst Du Dein Bild auf Deiner inneren Leinwand. Erst dann bist Du so weit, überall bei Dir zu Hause Hilfsmittel aufzustellen – wie ein Visionboard oder andere visuelle Erinnerungen, zum Beispiel auf dem Armaturenbrett, am Badezimmerspiegel, auf dem Kühlschrank –, die das Bild auf Deiner Leinwand des *Geistes* bekräftigen sollen.

Notiere, was Du in den nächsten sechs Monaten Deines Lebens erreichen willst! Nicht in den nächsten sechs Jahren oder sechzig Jahren – nein, in den kommenden sechs Monaten. Und formuliere es so klar, dass jemand anderes beim Lesen genau das Bild sehen könnte, welches Du siehst.

Viele nehmen sich die Zeit, sich zu entscheiden, und schreiben ihre Vorhaben sogar auf, aber dann glauben sie, sie wären allein durch reine Willenskraft in der Lage, es zu verwirklichen. Das funktioniert nicht! Das wäre, als würde eine Fliege versuchen, durch ein geschlossenes Fenster zu fliegen; sie wird es immer wieder versuchen und dann irgendwann tot auf der Fensterbank liegen.

Was wäre, wenn Zeit und Geld keine Themen wären? Was wäre, wenn Du die Unterstützung der Menschen um Dich herum hättest?

Interessanterweise meinte Marys Klientin ursprünglich: »Die Vermieter wollen 900 Dollar für das Haus, das ist fast zweimal so viel, wie ich jetzt bezahle. Das schaffe ich nicht.«

Nichtsdestoweniger wurde sie gefragt: »Was wäre, wenn du nicht glauben würdest, dass das unmöglich ist?« Und es wurde ihr geraten, einfach bei dieser Frage zu bleiben: »Wenn ich nicht glauben würde, dass das unmöglich ist – was würde ich dann tun?«

Achtung, hier folgt nun der Handlungsteil bei der Anwendung des Gesetzes der Anziehung: Du machst trotzdem einen Schritt! Obwohl Du nicht alles weißt, machst Du trotzdem einen Schritt. Es ist nur ein Minischritt, und Du musst in einem *Antwort suchenden* Geisteszustand bleiben: »Wenn ich nicht glauben würde, dass es unmöglich ist – was könnte ich tun?«

Nur das Beste erwarten

Die Imagination bringt das Universelle Bewusstsein dazu, genau das Erforderliche zu »liefern«, und genau zum richtigen Zeitpunkt. Wenn wir wirklich das Gute erwarten, fragen wir nicht danach, wo es ist. Das sollte uns völlig egal sein. Aber wir müssen es erwarten – wir müssen das Gute, das in unser Leben kommt, mit jeder Zelle unseres Körpers erwarten.

Erwartung wird aus dem Glauben geboren. Du musst daran glauben, denn wenn Du es nicht glaubst, ist Dein Wunsch nur eine Fantasie.

Vertrauen ist eine schöpferische Kraft

Seit Jahrtausenden gibt es eine kleine Gruppe von Menschen, die wirkliche Denker sind. Dazu zähle ich u.a. Sokrates, Thomas Edison, Johann Wolfgang von Goethe, Ralph Waldo Emerson, Leonardo da Vinci … Und obwohl sie unterschiedliche Ideen und Philosophien hatten, waren sie sich in einem Punkt einig: Sie alle glaubten daran, dass es eine Kraft gibt, die den gesamten Kosmos durchdringt und füllt, und dass alles, was wir um uns herum sehen, ein äußerer Ausdruck dieser Kraft ist.

Diese Kraft arbeitet in einer sehr präzisen Art und Weise – wir nennen es verallgemeinert »das Gesetz«. Ich persönlich nenne es »Gott«, obwohl das Wort »Gott« seine ursprüngliche Bedeutung in Tausenden von Jahren des Missbrauchs verloren haben soll, wie Eckhart Tolle behauptet. Mit »Missbrauch« meint er hier, »dass Menschen, die nicht einmal einen flüchtigen Einblick in den Bereich des Heiligen, in die unendliche Weite hinter diesem Wort hatten, es mit großer Überzeugung benutzen, als wüssten sie, wovon sie reden. Oder sie argumentieren dagegen, als wüssten sie, was sie da ablehnen. Und dieser Missbrauch führt zu absurden Überzeugungen, wie zum Beispiel: Mein oder unser Gott ist der einzig wahre Gott.« So weit Eckhart Tolle.

Andere sprechen von dieser Kraft als »Liebe«, »göttlicher Geist«, »das Göttliche«, »göttliche Intelligenz«, »Jehova«, »Herr«, »Vater«, »die große Mutter«, »das Universum« oder auch »die Quelle«. Es ist nicht wichtig, wie wir sie nennen. Bedeutungsvoll ist dagegen die Tatsache, dass es diese Kraft ist, die im Grunde genommen die Arbeit tut. Und dieser Tatsache ist sich jeder bewusst, der ein Verständnis dafür gewonnen hat.

Diese Kraft hat nichts mit Deinem »Ego« zu tun – sie ist etwas, mit dem wir arbeiten, und diese Kraft arbeitet mit uns. Mit anderen Worten: Alles kommt aus einer Quelle. Diese Quelle der Kraft fließt und arbeitet in Dir, durch Dich, mit Dir – und das bist Du.

Anders gesagt kann das Bild, das Du in Deinem Geist geformt hast, nur durch Dich auf die physische Ebene Deines Lebens kommen. Deine Resultate kommen durch diese Kraft, durch Dich, und das passiert auf gesetzmäßige Weise und durch Dein Vertrauen.

Nur sehr wenige Menschen verstehen, wie viel Vertrauen in das eigene Selbst damit zu tun hat, was sie erreichen. Und leider sieht die große Mehrheit der Menschen Vertrauen nicht als eine wirkliche schöpferische Kraft an. Allerdings:

Vertrauen ist die größte Macht, die es überhaupt gibt.

Wir könnten sogar so weit gehen, zu sagen, dass alles, was Du jemals in Deinem Leben erreichen wirst, in direktem Verhältnis stehen wird zu …

1.   der gefühlsmäßigen Stärke Deines Vertrauens und
2.   der Ausdauer Deines Vertrauens.

Je stärker Dein Gefühl des Vertrauens und je größer die Ausdauer ist, mit der Du vertraust, desto größer können die Ziele und Erfolge sein, die Du schließlich erreichst.

Die Vier-Schritte-Formel
━ ━ ━

Eine simple Möglichkeit, um das Vertrauen aufzubauen, bietet die folgende Vier-Schritte-Formel. Du kannst sie nach Belieben für Dich anpassen. Die ersten beiden Schritte kennst Du bereits aus den vergangenen Kapiteln. Wenn Du aber das Gefühl hast, dass Du sie noch verfeinern möchtest, kannst Du es jederzeit tun. Du *solltest* sogar von Zeit zu Zeit zu ihnen zurückkommen und sie verfeinern.

1. Schritt: Du musst wirklich wissen, was Du willst.

2. Schritt: Du musst wissen, welcher Mensch Du wirst, um das zu erreichen.

3. Schritt: Du entspannst und bist bereits im Besitz all des Guten, das Du wirklich haben willst. Sieh Dich selbst schon als der Mensch, der das Gewünschte erreicht hat. Kurz gesagt: Baue dieses Bild in Dir auf!

4. Schritt: Lass los und übergib es Gott!

Die Verbindung mit der göttlichen Kraft
- - -

Indem wir mit dieser höheren Kraft arbeiten, werden wir Ziele erreichen, die uns bislang unerreichbar schienen. Die griechische Mythologie kennt sogenannte Halbgötter: Wesen, die zwar als Menschen geboren wurden, aber einen göttlichen Vater oder eine göttliche Mutter haben. Alle Halbgötter müssen sich den göttlichen Teil ihrer Persönlichkeit erst durch schwere Prüfungen erarbeiten.

Nehmen wir zum Beispiel Herkules bzw. Herakles aus der griechischen bzw. römischen Mythologie. Sein größter Fehler ist sein Jähzorn. Er muss lernen, die Kontrolle über seine Gedanken zu erringen. Berühmt sind die zwölf Arbeiten des Herkules, die symbolisch dafür stehen, wie wir die Kontrolle über unseren Geist erlangen. Und dies geschieht durch Hingabe an eine Kraft, die größer ist als wir selbst. Mithilfe dieser Kraft gelingt es ihm, die unmöglichsten Aufgaben zu erfüllen. Wegen seines alten Jähzorns muss er zwar immer wieder Rückfälle hinnehmen, doch schließlich erfüllt er alle zwölf Aufgaben. Er erringt die Kontrolle über seinen Geist.

Die Mythologie zeigt uns: Wenn wir mit dieser Kraft arbeiten, können wir alles sein, haben und tun. Indem Du Dich mit dieser Kraft verbindest, hilft sie Dir, Dich auf die Wahrheit zu fokussieren. Auf die Wahrheit, dass sie an allen Orten, zu allen Zeiten immer präsent ist. Und daraus folgt, dass Du ebenfalls die gottähnliche Fähigkeit besitzt, diese positiven Gedanken zu jedem Zeitpunkt anzuzapfen. Es ist Deine Wahl, das zu tun.

Doch mehr als das: Sobald Du Dir Deiner direkten Beziehung mit dieser schöpferischen Kraft bewusst bist und es Dir vollkommen klar ist, dass Du in Wahrheit ein Kind dieser Kraft bist, kannst Du unmöglich etwas anderes sein als vollkommener Tatendrang mit einem strahlenden Selbstvertrauen. Dann werden sich alle Kräfte dieses Universums in Dir vereinigen, um Dir zu helfen, Dein Ziel oder die Manifestation Deines Bildes voranzutreiben.

Eine Aussage, die Du wirklich verinnerlichen solltest:

»Ich bin geschaffen nach dem Ebenbild des Schöpfers dieses Universums und ein lebender Teil dieses ewigen Geistes.«

Hast Du dies verinnerlicht, wirst Du letztlich die Resultate transformieren, die Du im Moment in Deinem täglichen Leben bekommst.

Das Bild mit Energie versorgen

Die schöpferische Kraft – wir können sie auch »Gedanken« nennen – fließt unaufhörlich in uns hinein und durch uns hindurch. Und während sie durch uns hindurchfließt, wählen wir selber das Bild aus, das sie formen soll.

Setzen wir uns hin, entspannen uns und erlauben uns, der wundervollen schöpferischen Macht bewusst zu sein, werden wir schnell bemerken, dass sich in der Tat ein Bild nach dem anderen in unserem Geist bildet. Es können Bilder von Dingen sein, die es schon gibt, zum Beispiel unser Zuhause, unser Auto, unser Arbeitsplatz, oder auch Bilder von etwas, was noch nicht existiert, wie kurzfristige und langfristige Ziele. Doch obwohl diese Kraft die ursprünglichste Form unseres Seins ist, kann sie ohne unsere Hilfe niemals eine Form annehmen. Dies wiederum bedeutet, dass die Menschen, die sich zurücklehnen, nichts tun und nur sagen: »Gott wird schon für mich sorgen«, sich selber an der Nase herumführen.

Gott hilft denen, die sich selber helfen.

Das bedeutet, dass Du immer Deinen Teil beitragen musst, um diesen kreativen Prozess zu starten. Du musst immer ein Bild in Deinem Geist aufbauen und ganz tief in Deinem Herzen wissen, dass dieses Bild sich verwirklichen wird. Du solltest immer voller Vertrauen sein und Gott als eine großartige, unsichtbare Kraft sehen, die jede Faser Deines Seins durchdringt.

Du wirst erkennen, dass von dem Augenblick an, in dem Du in Deinem Geist ein Bild hältst, die göttliche Kraft in einer perfekten Art und Weise zu arbeiten beginnt und Dich auf eine vollkommen neue Schwingung hebt. Daher erinnere Dich immer wieder daran, dass dieses Gefühl, das Du jetzt spürst, tatsächlich das göttliche Wirken in Dir ist.

Vielleicht hast Du auch schon viele Male begeistert gesagt: »Ich fühle mich jetzt enthusiastisch.« »Enthusiasmus« kommt aus dem Griechischen und bedeutet »in Gott sein« oder »von Gott erfüllt sein«. Diese Einstellung wird dazu führen, dass sich Deine Handlungen verändern. Du beginnst, Dich anders zu verhalten. Mehr noch als das: Durch die neue Schwingung, in der Du Dich jetzt befindest, wirst Du Dich zu anderen Menschen, die auf Deiner Schwingungsebene sind, hingezogen fühlen, und diese Menschen fühlen sich zu Dir hingezogen.

Rätselhafte und wunderbare Dinge werden in Deinem Leben passieren – und dies mit solch einer Regelmäßigkeit, dass Du noch nicht einmal verstehen kannst, was da passiert. Deshalb solltest Du auch nicht versuchen, es zu verstehen, sondern einfach vertrauen. Akzeptiere, dass dies der Weg Gottes oder der Weg der kreativen Kraft ist, und nimm das Gute an, das Dir zuströmt. Erwarte außerdem, dass mehr davon in Zukunft zu Dir kommen wird.

Du bist dann der Mensch, der zuerst die Schatten, dann die Reflexionen, dann die Dinge selber sieht und schließlich wahrhaftig in die Sonne schaut. Am Schluss schaust Du in die Kraft, die alles in dieser Welt erschaffen hat. Dann bist Du wirklich frei!

Im Vertrauen bleiben

Natürlich werden immer wieder Skeptiker behaupten, dass man eben Glück hatte. Mit ihnen sollte man nicht diskutieren, sondern es einfach dabei belassen. Denn solange wir das Bild in unserem Geist halten, werden wir immer belohnt.

Daher bleibe im Vertrauen! Vertraue darauf, dass das, was passieren muss, passieren wird, und dies zur richtigen Zeit.

Auch wenn es auf der Oberfläche zuweilen so aussehen mag, als ob es in Deinem Leben nicht gut laufen würde, oder sich Dein Leben vielleicht sogar in die falsche Richtung bewegt: Lass mich Dir versichern, dies wird so lange nicht der Fall sein, wie Du das Bild des Guten, das Du wirklich willst, ganz fest in Deinem Unterbewusstsein hältst. Denn wenn Du das tust, wirst Du immer nur in eine Richtung gehen, in die einzige Richtung, in die Du Dich bewegen kannst und in die Du gehen musst, um all das zu bekommen, was Du willst.

Auch werden Dir manche Wege wie Umwege vorkommen. Das liegt aber nur daran, dass unser logischer Verstand manches als einen Umweg ansieht.

Ganz wichtig: Es reicht nicht aus, Vertrauen in sich selbst und in diese Kraft nur dann zu haben, wenn alles gut läuft. Dann müsste man sich auf eine lange Achterbahnfahrt gefasst machen. Egal, was im »äußeren« Leben passiert – man darf niemals das schöne Bild, das man in sich trägt, verschwinden lassen.

Falls dies geschehen sollte, taucht das alte Bild wieder an der Oberfläche auf. Denn Gott – oder wie auch immer wir diese Kraft nennen – arbeitet immer daran, unsere Wünsche zu erfüllen: Die Schöpferkraft verwirklicht aber die innersten Gedanken und Bilder und nicht unsere kurzfristigen Ideen. Zweifel, Ängste, Pessimismus und verurteilendes Denken vergiften die Quelle unseres Lebens. Sie saugen Energie ab, löschen Enthusiasmus aus, lähmen jeden Ehrgeiz, verwandeln Hoffnung in Hoffnungslosigkeit und Vertrauen in Zweifel.

Daher wiederhole ich es gerne: Es ist ganz wichtig, dass Du immer im Vertrauen bleibst und wieder zu Deinem Bild zurückkehrst – mit der Gewissheit, dass Du alles erreichen wirst, aber nicht aus Deiner eigenen Kraft heraus, sondern weil Du mit einer Kraft zusammenarbeitest, die größer ist als Du selbst.

Sobald Du im Vertrauen geerdet bist, haben negative Gedanken keine Macht mehr über Dich, da sie in keiner harmonischen

Schwingung mit Deinem neuen Bild sind. Außerdem wird sich Deine mentale Stärke durch das Bewusstsein, dass die Kraft Gottes in Dir liegt, stark erhöhen.

Die leise Stimme

Ein Bild mit aller Macht manifestieren zu wollen, ist kein guter Gedanke. Das sollte man niemals gewaltsam tun. Denn wenn wir den Prozess forcieren, erschaffen wir das Negative. Wir verhindern, dass Gott seine Arbeit tun kann. Somit ist es wichtig, der leisen Stimme in uns zu vertrauen statt den äußeren bzw. lauten Stimmen in uns.

Sei Dir darüber im Klaren, dass die leise Stimme in Dir oft etwas anderes sagt, als es die meisten Menschen um uns herum behaupten. Mache Dir darüber keine Sorgen. Schauen wir uns große Menschen der Weltgeschichte an, können wir erkennen, dass sie oft als Verrückte oder sogar als Ketzer angesehen wurden. Sie folgten ihrer leisen Stimme, statt die Dinge auf die Art zu tun, wie es zu ihrer Zeit üblich war.

Erlaube Deinem Bild, tief in die Schatzkammer Deines unterbewussten Geistes herabzusinken. Erlaube Dir, Dich emotional voll auf Dein Bild einzulassen. Dadurch kannst Du loslassen und alles Weitere Gott überlassen.

Solltest Du aus irgendeinem Grund eine Art Rückfall haben und versuchen, es mit Gewalt und Willenskraft durchzuziehen: Erkenne diesen Fehler und rufe Dein wahres Bild wieder auf die Leinwand Deines Geistes, dann wird die göttliche Kraft die Führung übernehmen. Sobald Du ihr wieder erlaubst, das Steuer zu übernehmen, wird sie es tun und Deine Reise wird genau an dem Punkt weitergehen, an dem Du rückfällig geworden bist, an dem Du glaubtest, selbst steuern zu müssen. Diese wundervolle Macht und Kraft zu erhalten, ist durch wiederholte Übung möglich.

3. SCHLÜSSEL:

DIE VORSTELLUNGSKRAFT

In uns herrscht der große Konflikt zwischen dem, was wir sein wollen, und dem, was wir sind. Goethe wies darauf hin, dass wir erst etwas sein müssen, bevor wir etwas erreichen können. Er brachte es auf den Punkt. Der Weg, um das zu bekommen, was wir haben wollen, besteht nicht darin, so zu bleiben, wie wir sind.

Die kreative Visualisierung

Die meisten Menschen leben und sterben, ohne jemals die schöpferische Macht der kreativen Visualisierung verstanden zu haben. Wir werden dieses Verständnis auf das Thema »Geld« und andere Gebiete, wie Du weiter hinten erkennen wirst, anwenden und erweitern. Sobald Du aber das Konzept der Visualisierung wirklich verinnerlicht hast, kannst Du es sehr effektiv für die Verwirklichung Deiner Wünsche einsetzen. Die möglichen Veränderungen in Deinen Beziehungen wie auch die Art, wie Du Dich selbst fühlen wirst, werden Dich verblüffen.

Wenn man ein großes Ziel verfolgt, ist es fast unvermeidlich, dass man alle möglichen Kommentare von anderen Menschen zu hören bekommt. Du wirst feststellen, sie werden Dich zwar treffen, aber dann einfach an Dir abperlen, wie Wassertropfen vom Gefieder eines Schwans. Denn Du hast jetzt ein ganz anderes Verständnis, Du hast bereits die Kontrolle über Dein Leben übernommen. Und das Wissen, wie man auf kreative Weise Bilder in seinem Geist aufbaut, wird jede Art von Konkurrenz aus Deinem Leben eliminieren. Dies wird geschehen, weil Du Dich von der Ebene des Konkurrenzdenkens zur Ebene der Kreativität emporgeschwungen hast. Sehr schnell wirst Du erkennen, dass in Wirklichkeit die einzige

Konkurrenz, die Du jemals in Deinem Leben haben wirst, Deine eigene Unwissenheit ist.

Wahre Profis erschaffen, Amateure konkurrieren miteinander.

In einem Konflikt gibt es zwei Möglichkeiten: Entweder man verteidigt sich oder man nutzt den Konflikt, um zu lernen. Nachdem man die Entscheidung getroffen hat, sich zu verteidigen, wird man versuchen, sich zu schützen. Wenn man sich selber schützt, wird man jemand anderen beschuldigen müssen und verpasst all die Freude, die möglich wäre. Besser wäre, die Entscheidung zu treffen, aus der Situation zu lernen.

Der folgende Spruch stammt vom Etikett einer edlen spanischen Brandymarke:

»La buena vida es cara, hay otra mas barata, pero no es vida.
Das gute Leben ist teuer. Es gibt ein anderes, billigeres, aber das ist kein Leben.«

Ich möchte Dich daran erinnern, dass jeder in seinem Geist Bilder visualisiert. Tatsächlich wurde nichts in dieser Welt erschaffen, ohne dass es vorher ein Bild davon im Geist einer Person gegeben hätte. Alles, was wir sehen, wurde zweimal erschaffen: im Geist des Menschen sowie in der physischen Realität. Betrachte die Resultate, die Du bis zum jetzigen Zeitpunkt erreicht hast, und Du wirst erkennen, dass Du bewusst oder unbewusst schon immer dieses großartige Werkzeug eingesetzt hast.

Die meisten Religionen lehren uns, dass Gott für alles verantwortlich ist, was in dieser Welt geschaffen wurde. Prinzipiell bin ich damit einverstanden. Dennoch müssen wir als Mitschöpfer Verantwortung übernehmen für das, was Gott in unserem Leben erschaffen hat.

Die folgende Geschichte illustriert dies sehr schön. Zum ersten Mal habe ich sie von Earl Nightingale gehört.

Der Pfarrer und der Bauer

▬ ▬ ▬

Vor vielen Jahren fuhr ein Pfarrer eine Landstraße entlang, als er plötzlich einen großen, sehr schönen, ungewöhnlich gut gepflegten Bauernhof sah. Eine Allee von hohen grünen Pappeln, die von der Straße zum Bauernhof führte, hob sich gegen den blauen Himmel malerisch ab. Die Rasenflächen hatten eine tiefgrüne Farbe. Um das Haus herum wuchsen auch herrliche Blumen, sie säumten außerdem beide Seiten der langen und breiten Hofeinfahrt. Die Zäune waren alle sehr ordentlich, die Feldfrüchte wuchsen offenbar prächtig, und obwohl das Haus in einiger Entfernung von der Straße stand, war es offensichtlich, dass es erst kürzlich weiß gestrichen worden war. Das Ganze sah so malerisch aus, dass es ein geeignetes Postkartenmotiv abgegeben hätte.

Auf der anderen Seite der Straße erblickte der Pfarrer frisch gepflügte Felder; die Erde war von tiefstem Schwarz, und der Pfarrer bestaunte die schnurgerade gezogenen Furchen. Ziemlich weit entfernt konnte er den Bauern auf seinem Traktor sehen, mit einem blauen Overall und einem Strohhut auf dem Kopf. Da der Pfarrer in keiner besonderen Eile war, lenkte er sein Auto an den Straßenrand, stellte den Motor ab und schlenderte zum Rand des Ackers. Dort stand er einfach still da; er genoss den leichten Wind, den warmen Sonnenschein und bewunderte die Schönheit dieses Bauernhofs sowie die Fähigkeit des Landwirts, so perfekt gerade Furchen zu pflügen.

Während sich der Bauer mit dem Traktor der Straße näherte, bemerkte er den Pfarrer. Schließlich stellte er den Traktor ab, kletterte herunter und ging langsam auf den Pfarrer zu. Lächelnd winkte ihm der Geistliche und rief: »Mein guter Mann, Gott hat Sie wirklich gesegnet mit einem wunderschönen Bauernhof!«

Der Landwirt zog mit seinen großen, starken und schwieligen Händen ein rot und weiß kariertes Tuch aus seiner Tasche und wischte sich den Schweiß von seiner sonnengebräunten Stirn, ohne ein Wort zu sagen. Dann nahm er vorsichtig den Strohhalm aus dem Mund, auf dem er die ganze Zeit herumgekaut hatte. Er stand eine Weile da, schaute den Pfarrer an und sagte dann mit bedächtigem, sicherem Tonfall: »Ja, Herr Pfarrer, da haben Sie recht, Gott hat mich mit einem wunderschönen Bauernhof gesegnet. Aber ich wünschte, Sie hätten diesen Hof einmal gesehen, als Gott ihn noch ganz für sich alleine hatte!«

Bilder sind mental, aus Gedanken gemacht. Die Großartigkeit unseres Geistes liegt darin, dass er denken kann. Das bedeutet, dass unser Geist die Gedanken anzapfen und jedes beliebige Bild erschaffen kann, das er zu erschaffen wählt.

Spiele eine Weile mit Deinem Geist und werde Dir bewusst, wie Du ein Bild nach dem anderen auf die Leinwand Deines Geistes projizierst. Es ist fast so, als würdest Du im Inneren Deines Körpers sitzen, in einem großen Filmtheater, und der Drehbuchautor, Produzent, Regisseur und Hauptdarsteller Deines eigenen Films, den Du Dir anschaust, bist Du selbst.

Der kreative Prozess

Ich möchte Dir ein wunderbares Buch empfehlen: »Die Wissenschaft des Reichwerdens« (engl. »The Science of Getting Rich«) von Wallace D. Wattles. Darin habe ich u. a. einige überaus wichtige Sätze gefunden; sie erscheinen zunächst kompliziert. Ich lade Dich ein, diese Gedanken von Wattles über einen Zeitraum von 30 Tagen einmal am Tag zu lesen:

»Um reich zu werden, musst Du Deine Willenskraft nur über Dich selbst ausüben.
Wenn Du weißt, was zu überlegen und zu tun ist, dann musst Du Deinen Willen benutzen, um Dich selbst dazu zu bringen, die richtigen Dinge zu tun. Durch den legitimen Gebrauch des

Willens erlangst Du das, was Du Dir wünschst – Du benutzt ihn, um Dich auf dem richtigen Kurs zu halten.

Benutze Deinen Willen, um auf die bestimmte Art und Weise zu denken und zu handeln.

Versuche nicht, Deinen Willen, Deine Gedanken oder Dein Bewusstsein ins All zu projizieren, um auf Dinge oder Leute ›einzuwirken‹. Behalte Dein Bewusstsein zu Hause. Hier kann es mehr erreichen als irgendwo sonst.

Benutze Deinen Verstand, um ein geistiges Bild dessen zu formen, was Du Dir wünschst, und halte an diese Vision glaubend und vorsätzlich fest. Und benutze Deinen Willen, um Deinen Verstand auf die richtige Art und Weise arbeiten zu lassen.

Je standhafter und kontinuierlicher Dein Glaube und Deine Vorsätze, desto rascher wirst Du reich werden, denn Du wirst nur positive Eindrücke auf die Substanz machen und nicht durch negative Eindrücke ihre Wirkung neutralisieren oder aufheben.

Das mit Glaube und Zielsetzung festgehaltene Bild Deines Verlangens wird vom Formlosen aufgenommen und über riesige Entfernungen hinweg kommuniziert – durch das gesamte Universum, soweit wir wissen.

Kaum hat dieser Eindruck begonnen sich auszudehnen, werden alle Dinge zu seiner Realisierung in Bewegung gesetzt. Jedes lebende Ding, jedes unbelebte Ding und alle noch ungeschaffenen Dinge werden angeregt, das ins Dasein zu bringen, was Du Dir wünschst. Alle Energie beginnt, in diese Richtung hinzuarbeiten. Alle Dinge beginnen, sich auf Dich zuzubewegen.

Überall werden menschliche Gemüter dahingehend beeinflusst, Dinge zu tun, die zur Erfüllung Deines Verlangens notwendig sind, und sie arbeiten für Dich unbewusst.«

Der geistige Architekt

Seefahrer wie Kolumbus oder Magellan imaginierten eine neue Welt. Karl Benz stellte sich eine Kutsche ohne Pferde vor; die Wright-Brüder, wie der Mensch durch die Lüfte fliegt; Gutenberg einen Weg, wie man Bücher in großen Mengen multiplizieren kann. Und Albert Einstein revolutionierte mit seiner Imagination die gesamte Physik. Die Geschichte der Menschheit ist voller großer Visionäre. Und in der Tat war alles, was Menschen jemals erreicht haben, zu Beginn und für eine lange Zeit nichts weiter als das Bild, das im Geiste eines Architekten oder Ingenieurs, einer Wissenschaftlerin oder Künstlerin usw. gehalten wurde. Werde Dir darüber im Klaren, dass auch Du geistiger Architekt Deines eigenen Schicksals bist.

Der legendäre Golfer Tiger Woods schlug keinen einzigen Golfball, bevor er nicht ein absolut klares Bild davon hatte, wie der Ball durch die Lüfte fliegt, auf dem Boden landet, weiterrollt und einlocht – und das alles, bevor er überhaupt schlug.

Wallace D. Wattles spricht von einem formlosen Gedankenstoff. Und die Wahrheit ist, dieser formlose Gedankenstoff ist überall um Dich herum und in Dir. Werde Dir dieser Wahrheit bewusst, dann kannst Du diese Kraft anzapfen. Nutze sie, um ein Bild auf der Leinwand Deines Geistes zu formen. Sieh Dich bereits im Besitz der Geldsumme, die Du haben willst, um Dein Leben auf die Art einzurichten, wie Du es selbst gewählt hast zu leben.

Der persönliche Wohlstand

Jeder Mensch verfügt über die gleichen Muskeln für klares Denken. Du besitzt die gleichen mentalen Muskeln wie Ferdinand Magellan, Karl Benz, Johannes Gutenberg, Nikolaus Kopernikus und Albert Einstein. Vielleicht hast Du es Dir aber zur Gewohnheit gemacht, zu denken, diese Menschen seien anders als Du und ich.

Die Wahrheit aber heißt: Der einzige Unterschied zwischen ihnen und irgendjemand anderem ist nur in den offensichtlichen, erzielten Leistungen sichtbar. Denn jeder nutzt seine angeborenen mentalen Muskeln auf eine andere Weise, aber unsere Grundstruktur ist gleich.

Napoleon Hill verbrachte fast sein gesamtes Leben damit, die 500 erfolgreichsten und bedeutendsten Zeitgenossen der Welt zu untersuchen. Die Essenz seiner ausführlichen Studien und Schriften steckt in diesem Satz:

Alles, was der Geist sich vorstellen und glauben kann, kann er erreichen.«

Mir ist klar, dass nicht viele Menschen dies glauben, aber diejenigen, die es wirklich glauben, beweisen es sich immer wieder selbst. Wie wäre es, wenn Du Dir die Wahrheit dieses Satzes anhand Deines eigenen Lebens beweisen würdest?

Baue das Bild von Reichtum und Wohlstand auf der Leinwand Deines Geistes auf und beobachte, was passiert. Egal, wie schwer es wird, wie groß die Hindernisse sein mögen, wie oft Du hinfällst und wieder aufstehen musst: Halte kontinuierlich daran fest und bewahre dieses Bild Deines persönlichen Reichtums in Deinem Bewusstsein! Bereits jetzt kann ich Dir sagen: Es ist sehr wahrscheinlich, dass Du eine ganze Reihe von Umständen erleben wirst, die Dich für eine gewisse Zeit beinahe davon überzeugen könnten, Du würdest rückwärtsgehen. Aber hier ist Durchhaltevermögen der absolute Erfolgsschlüssel!

Halte das Bild Deines persönlichen Reichtums in Deinem Bewusstsein aufrecht und begreife: Das, was Dir passiert, ist genau das, was passieren muss, um Dich darauf vorzubereiten, dass Du die wünschenswerten Dinge auch tatsächlich bekommst. Auch die Hindernisse und Widerstände auf Deinem Weg haben ihren Nutzen, denn sie machen Dich zu dem Menschen, der Du sein musst, um Dein Ziel zu erreichen.

4. SCHLÜSSEL:

DIE ERWARTUNG

Der Geist zieht das an, was seinem derzeitigen, vorherrschenden Bewusstseinszustand entspricht. Es ist die Erwartung, die darüber bestimmt, wie der vorherrschende Bewusstseinszustand aussieht. Sie bestimmt, was wir in unserem Leben anziehen – im Guten wie im Schlechten.

Viele Menschen schnüren sich von der unendlichen Quelle durch armutsfördernde Gedanken voller Zweifel und Ängste ab; sie schneiden sich vollkommen vom Fluss des Wohlstands ab. Denn der Strom der Fülle fließt immer in Richtung eines offenen, erwartungsvollen Geistes. James Allen formuliert es sehr passend: »So wie ein Mensch in seinem Herzen denkt, so ist er.« Denn das, was wir in unserem Unterbewusstsein halten, ist auch das, was wir erwarten. Und genau das werden wir anziehen und letztendlich bekommen.

Erwarte das Gewünschte mit jeder Faser Deines Herzens – so bist Du mit allem, was nötig ist, um diesen Wunsch zu materialisieren, direkt verbunden.

Aufbauend auf der Vier-Schritte-Formel (siehe Ende des Kapitels »2. Schlüssel«) lauten die drei Schritte für Wohlstand in jedem Bereich Deines Lebens:

1. Du baust das Bild auf.
2. Du übergibst es dem Geistigen, dem Göttlichen, dem Universum (benenne es so, wie es für Dich stimmig ist).
3. Du erwartest mit Herz und Seele die Belohnung für Dein Vertrauen.

Die äußere Umgebung ist der Spiegel
▬ ▬ ▬

Was für eine Art von Bild hast Du bisher gehalten? Gehörst Du zu denjenigen, die zwar hoffen, dass Gutes im Leben geschieht, aber im Geheimen eher davon ausgehen, dass Dir Schlechtes widerfahren wird? James Allen sagt dazu:

Wir denken im Verborgenen, doch es zeigt sich, dass unsere äußere Umgebung unser Spiegel ist.«

Die äußere Umgebung präsentiert uns also, wie wir bis zum jetzigen Zeitpunkt gedacht haben. Das heißt: Die meisten Menschen fokussieren sich auf ihre derzeitigen Resultate so weit, dass sie den äußeren Resultaten erlauben, ihr Denken zu kontrollieren.

Besser: Nutze Deine derzeitigen Resultate als einen Spiegel für Dein bisheriges Denken – als eine Möglichkeit, herauszufinden, was Du bisher im Verborgenen gedacht hast.

Kannst Du erkennen, welchem fundamentalen Irrtum man erliegt, wenn man sich emotional auf die derzeitigen Resultate einlässt?

Es ist kein Zufall, dass sich dieselben Resultate dauernd wiederholen. Es ist kein Zufall, dass jemand immer wieder ein finanzielles Problem hat, dass der Geldfluss ins Stocken gerät oder – ein Beispiel aus einem anderen Lebensbereich – jemand wiederholt Beziehungsprobleme hat.

Wenn ein Arzt Röntgen- und Ultraschallaufnahmen vom Körper eines Menschen macht und ihm sagt, er sei krank: Worauf konzentriert sich dann dieser Patient? Auf die Krankheit! Was beweisen die Aufnahmen? Sie zeigen lediglich, dass der Betroffene bis zu diesem Zeitpunkt seinen Körper in einer schlechten Schwingung gehalten hat. Was sollte so ein Mensch tun? Hilfe suchen! Aber woher kommt es, dass der Körper in dieser Schwingung ist?

Für alles, was existiert, gibt es nur eine einzige Quelle. Ein Mensch sieht entweder vollkommene Gesundheit – oder seine Beschwerden und die derzeitige Diagnose. Er fokussiert sich entweder auf vollkommenen Wohlstand oder auf seinen unbefriedigenden Kontostand. Zynische Menschen glauben das nicht – allerdings ist es auch nicht verwunderlich, dass Zyniker keine guten Resultate erhalten.

Die Kraft ist bei allen Menschen gleichermaßen vorhanden

Wir müssen damit aufhören, den derzeitigen Resultaten zu erlauben, dass sie unser Denken kontrollieren.

Deine derzeitigen Resultate sind ein Spiegel Deines bisherigen Denkens. Doch Deine derzeitigen Resultate spiegeln in keiner Weise Dein wahres Potenzial wider!

Es gibt diese Kraft (wie gesagt, ich nenne sie »Gott«), und sie ist in jedem Einzelnen von uns. Sie ist in keinem präsenter als in irgendeinem anderen. Der einzige Unterschied besteht darin, dass sich manche Menschen dieser Kraft mehr bewusst sind als andere. Somit besteht der einzige Unterschied, den es wirklich gibt, im Bewusstsein.

Jeder einzelne Mensch ist ein Ausdruck derselben Kraft, und hinsichtlich unserer Essenz sind wir vollkommen gleich. Wir haben alle den gleichen Zugang zu derselben Kraft, und wir haben alle die gleiche Fähigkeit, diese Kraft in unserem Leben zu nutzen.

Das Gute erwarten und Zweifel transformieren

Papier wird beim Verbrennen in Energie umgewandelt, in CO_2, in Asche – aber es ist nicht weg. Während wir Wasser zum Kochen bringen, verändert sich lediglich der Aggregatzustand.

Der Tod, so wie wir ihn kennen, bedeutet Wandel von einem Zustand zu einem anderen.

So, wie wir das Leben kennen, zeigt es sich in unserem Körper. Aber nichts kann geschaffen oder zerstört werden. Die Naturwissenschaft behauptet: Energie kann nicht geschaffen oder zerstört werden. Die Theologie behauptet: Gott kann weder geschaffen noch zerstört werden. Wenn beide vom Inhalt her dasselbe sagen, bedeutet dies doch, dass wir das Leben sind und damit unsterblich.

Alles Materielle, das wir uns zu unseren Lebzeiten angeschafft haben, wird zum Zeitpunkt unseres Todes jemand anderem gehören. Aber das, was Du bist, wirst Du für immer sein. Daher ist es viel wichtiger, sich auf das Sein statt auf das Haben zu fokussieren. Wenn Dein Sein Fülle und Reichtum ist, wirst Du auch Fülle und Reichtum haben. Und wenn Du diesen Körper verlässt, lässt Du zwar den materiellen Reichtum zurück, aber Dein Sein gehört Dir, denn das bist Du.

Wir sind ein vollkommenes Instrument des Göttlichen, das sich durch uns ausdrückt. Daher beginne jetzt, Dich als ein vollkommen ausgestattetes Instrument ohne Begrenzungen zu sehen. Sobald Du dies tust, wirst Du erkennen, dass es in Wahrheit sehr leicht ist, das Gute zu erwarten. Du wirst die Erfahrung machen, dass Zweifel jeglicher Art zwar die Entfaltung von Wohlstand behindern – doch sie schalten nicht das vollkommene Arbeiten dieser Kraft aus. Die Kraft an sich arbeitet zu jedem Zeitpunkt perfekt. Die Zweifel halten das Bild, welches Du in Deinem Unterbewusstsein gespeichert hast, und dieses Bild wird zu Deiner physische Realität.

Ich möchte Dir gerne noch eine Metapher mitgeben: Schließt jemand eine Lampe an die Steckdose an, um Licht einzuschalten, doch der Leuchtkörper bleibt dunkel, käme er niemals auf die Idee, dass das Gesetz der Elektrizität nicht funktioniert. Er würde darüber nachdenken, dass etwas den Fluss der Elektrizität unterbrochen habe. Er würde überprüfen, ob die Lampe richtig eingesteckt ist, die Sicherung eingeschaltet ist, die Lampe eventuell einen Wackelkontakt hat oder ob er die Glühlampe auswechseln muss.

Befindest Du Dich nicht in vollkommenem Wohlstand, so bedeutet das nicht, dass diese Kraft nicht wirksam ist. Es heißt lediglich, dass entweder Dein Stecker nicht richtig steckt, die Sicherung herausgedreht wurde, es einen Wackelkontakt gibt oder die Glühlampe ausgewechselt werden muss. Zweifel haben nicht die Macht, diese Kraft außer Kraft zu setzen. Sie arbeitet zu jedem Zeitpunkt mit absoluter Vollkommenheit. Deine Zweifel unterbrechen lediglich den gewünschten Fluss dieser Kraft zu Dir.

Opfer der eigenen Illusion

Irgendwo in Kansas ereignete sich der tragische Fall eines Eisenbahnarbeiters, der sich wegen einer Unachtsamkeit in einen Tiefkühlwaggon eingesperrt sah und sich nicht befreien konnte. Anfangs schlug der Mann noch an die Wände des Waggons, um Aufmerksamkeit zu erregen, aber niemand hörte ihn. Also gab er sich schließlich seinem Schicksal hin.

Im Lauf der Nacht fühlte er, wie sein Körper immer tauber wurde, und er begann einige Sätze auf die Wand des Waggons zu kritzeln. Der erste Satz war: »Mir wird immer kälter.« Der zweite: »Es wird immer kälter, ich kann nichts weiter tun, als zu warten.« Daraufhin folgte: »Ich erfriere langsam, werde immer schläfriger und kann kaum noch schreiben«, und dann, ganz unten konnte man lesen: »Das sind wahrscheinlich meine letzten Worte.« Und es waren seine letzten Worte.

Als der Tiefkühlwaggon am nächsten Tag geöffnet wurde, fand man den Mann tot auf. Doch das Verblüffende an dieser Geschichte ist, dass das Kühlaggregat des Waggons seit Tagen defekt war. Die Temperatur war während der gesamten Nacht nicht unter 10 Grad Celsius gefallen. Plus 10 Grad Celsius! Das bedeutet, der Mann wurde zu einem Opfer seiner eigenen Illusion. Er nahm an, dass in dem Tiefkühlwaggon Minustemperaturen herrschten und er erfrieren würde.

Ich glaube, es gibt viele von uns, die genau das mit ihrem Leben machen. Wir deuten die Zeichen falsch und haben den Eindruck, wir seien in einer Zwickmühle. Wir nehmen an, alles sei schlechter, als es wirklich ist, und werden – wie dieser Mann – Opfer unserer eigenen Illusion. Metaphorisch gesprochen: Wir sterben, obwohl die Temperatur unserer Umgebung niemals auch nur im Entferntesten an den Gefrierpunkt herankommt.

Dieser Mann hatte seinen Verstand eingesetzt – nur hat er ihn leider falsch eingesetzt. Er erschuf sich ein Bild, wie seine Umstände wären, und dies war genau das, was er bekam. So ist unser Verstand letztendlich beides: ein Segen und ein Fluch.

Das Idealbild aufbauen

Diese Kraft funktioniert auf der Grundlage unseres freien Willens. Leider ist es aber nicht so, dass Gott uns einen Hinweis gibt und sagt: »Moment mal, du wählst die falschen Gedanken aus.« Du bittest – und Dir wird gegeben. Bittest Du um das Falsche, wirst Du dies bekommen – mit absoluter Zuverlässigkeit.

Schaue Dir Deine derzeitigen Resultate an: Worum hast Du bisher gebeten?

Der Zweifel, den Du in Deinem unterbewussten Denken hältst, wird zu einem Bild, das sich zu einem Resultat Deiner äußeren Welt manifestiert. Baust Du das Bild jedoch *bewusst* auf, kontrollierst Du es von innen heraus. Man kann nichts von außen kontrollieren, ganz unabhängig davon, wie die derzeitigen Resultate sind. James Allen sagt:

»**D**eine derzeitigen Umstände mögen vielleicht ungünstig sein, aber sie werden es nicht lange bleiben, wenn Du in Deinem Geist das Idealbild aufbaust und danach strebst, es zu erreichen.«

Was ist mit »Idealbild« gemeint? Ein Ideal ist ein Gedanke, in den man sich verliebt hat. Und was ist Liebe? Liebe ist Resonanz, Harmonie und Einklang. Liebe bedeutet, auf derselben Frequenz zu schwingen.

Wenn es Dir gelingt, die höhere Frequenz Deiner Persönlichkeit mit der niederen Ebene Deiner Persönlichkeit in Einklang zu bringen, wirst Du sehen, dass sich Wundersames auf der physischen Ebene Deiner Persönlichkeit ereignen wird.

Das Unsichtbare sehen
und das Unglaubliche glauben

Die beste Definition für Vertrauen, die ich jemals gelesen habe, stammt von einem Mann aus Chicago, Clarence Smithison:

»Vertrauen ist die Fähigkeit, das Unsichtbare zu sehen und an das Unglaubliche zu glauben.«

Wirklich unglaublich ist die Tatsache, dass es eine Kraft in jeder Zelle unseres Seins gibt, die bereit ist, jedes beliebige Bild anzunehmen, das wir ihr übergeben. Diese Kraft versetzt uns in die passende Schwingung: Wir handeln dann in der Weise und ziehen alles Notwendige an, damit sich das Bild, das wir selbst gewählt haben, aufbauen und manifestieren kann.

Anders ausgedrückt: Wenn wir jemanden sehen, der Großes erreicht hat, können wir davon ausgehen, dass er ein großes Vertrauen in sich selber hat, in seine Fähigkeit, alles zu erreichen, was er in seinem Leben erschaffen will.

Es kommt auf das an, was innen ist

▬ ▬ ▬

Ich möchte Dir eine kurze Geschichte erzählen, die ich von Paul Hutsey, einem meiner Mentoren in den USA, habe:

Vor vielen Jahren besuchte in den Südstaaten ein kleiner dunkelhäutiger Junge den Jahrmarkt. Dort gab es einen Luftballonverkäufer, der auf sein Angebot aufmerksam machte, indem er ab und zu einen der Ballons fliegen ließ. Er füllte einen roten Ballon mit Helium, knotete ihn zu und ließ ihn fliegen; danach tat er das Gleiche mit einem gelben Ballon, dann mit einem grünen Ballon, während der kleine Junge da stand und ihn beobachtete.

Irgendwann hatte der Junge genug Mut gesammelt, ging zu dem Mann und fragte: »Mister, können schwarze Ballons auch fliegen?« Und dieser antwortete: »Mein lieber Junge, alle Ballons können fliegen. Es ist nicht die Außenseite, die einen Ballon fliegen lässt; es ist das, was innen drin ist, was den Ballon zum Fliegen bringt.«

Es wächst, was Energie bekommt

▬ ▬ ▬

Nur wenige verstehen, wie sehr es auf das Vertrauen in das eigene Selbst, in das höhere Selbst ankommt. Nicht in das Konzept, das uns vorgibt: »Dies können wir nicht tun, jenes können wir nicht tun …« Das höhere Selbst ist universell und für uns alle gleich. Der Teil von uns, der spirituell vollkommen ist, hat etwas mit unseren Leistungen, den Erfolgen zu tun.

Die Mehrheit der Menschen scheint nicht in der Lage zu sein, Vertrauen als diese große, ursprüngliche, schöpferische Kraft wahrzunehmen. Doch die Wahrheit ist: Vertrauen ist nicht nur eine wundervolle Kraft, sondern überhaupt die größte Kraft, der man jemals begegnen kann.

Alles, was Du in Deinem Leben erreichst, steht in direktem Verhältnis zu der Intensität und Beharrlichkeit Deines Vertrauens.

Was meinen wir mit »Intensität«? Erinnere Dich: Einer Deiner Muskeln für klares Denken ist Dein Wille. Er verleiht Dir die Fähigkeit, Dich auf eine Idee zu konzentrieren. Und sobald Du Dich auf diese Idee konzentrierst, nimmst Du diese Kraft und übergibst sie an Dein Unterbewusstsein. Du nährst einen Gedanken mit noch mehr Energie. Ralph Waldo Emerson (1803–1882) sagte dazu:

»**D**as Einzige, was wachsen kann, ist die Sache, der Du Energie gibst.«

Sich wie das Selbstbild verhalten

Beim 3. Schlüssel haben wir über die Vier-Schritte-Formel gesprochen. Da dieser Prozess maßgeblich Deinen Erfolg beeinflusst, möchte ich die einzelnen Schritte wiederholen:

1. Entscheide, was Du wirklich willst.
2. Beschreibe, welcher Mensch Du gerade wirst, um dies zu bekommen.
3. Entspanne Dich und sieh Dich selbst bereits im Besitz Deines Wunsches.
4. Lass los und überlass es Gott.

Falls Du es noch nicht getan hast: Setze Dich wirklich hin und notiere alles schriftlich! Das hat eine unglaubliche Kraft. Deine Beschreibung sollte nichts Unerwünschtes enthalten, und Du musst sie unbedingt in der Gegenwartsform verfassen. Durch das Notieren des neuen Selbstbildes entstehen im Gehirn neue Synapsen, die die Botschaft des neuen Selbst enthalten. So wird Veränderung bewirkt.

Du wendest den Prozess an und erlaubst Dir, Dich vollkommen zu entspannen. *Versuche* nicht zu entspannen, *erlaube* Dir, zu entspannen! Denn etwas zu versuchen, ist wiederum ein Akt der Gewalt. Erlaube Dir selber, dass sich Entspannung ausbreiten darf. Gefühlsmäßig lässt Du Dich auf dieses Bild ein. Und jedes Mal, wenn Du

Dich in diesem sehr entspannten Zustand befindest – besser noch: indem Du Dich dieser Entspannung *hingibst* –, wirst Du diese Gehirnzellen stimulieren. Sobald Du an das neue Selbst denkst, erscheint das Bild in Deinem Geist. Und jedes Mal, wenn Du das tust, gibst Du den Gehirnzellen mehr und mehr Energie, sodass sie stärker und stärker werden. In einer relativ kurzen Zeitspanne werden diese Ideen in Deinem Geist fixiert. Dies ist die Art und Weise, wie Du leben willst – wie Du leben wirst.

In einer sehr spannenden Reportage sagte der Schauspieler Cary Grant einmal: »Ich habe mich so lange wie Cary Grant verhalten, bis ich Cary Grant wurde.« Du wiederum kannst sagen: »Ich habe so lange diesen Menschen gespielt, den ich in der Übung beschrieben habe, bis ich dieser Mensch wurde.«

Wiederhole die Vier-Schritte-Formel oft. Verfeinere sie jedes Mal. Denn diese Übung hat das Potenzial, Dein Leben vollkommen zu transformieren. Was Du von dieser Übung erwarten kannst? Jedes Mal, wenn Du sie tust, bringst Du Dich in die gewünschte Schwingung, und irgendwann wirst Du den kritischen Punkt erreichen, an dem Du das Gute auch wirklich – *tatsächlich* – erwartest.

Es mag sein, dass es Dir am Anfang schwerfällt, zu glauben, Du könntest wirklich so werden. Vielleicht denkst Du, es sei irgendwie albern. Tue es trotzdem! Ziehe es wirklich durch! Bedenke: Selbst eine »Lüge«, die oft genug wiederholt wurde, glaubt man irgendwann einmal tatsächlich. Irgendwann wirst Du herausfinden, dass das, was James Allen gesagt hat (siehe weiter vorne: »Das Idealbild aufbauen«), wahr ist. Dein Glaube erschafft Tatsachen.

Je öfter Du diese Übung wiederholst, desto klarer wird Dein Geist.

Von der Fantasie zur Theorie zur Tatsache

In diesem Teil des Buches habe ich Dir bereits zwei Quintessenzen weitergegeben, die einen riesengroßen Unterschied in Deinem Leben ausmachen werden:

1. Beschreibe, wer Du sein willst.
2. Entscheide, was Du wirklich willst.

Vielleicht hast Du dies noch zu sehr als reine Fantasie abgetan. Aber es gibt Menschen, die tatsächlich ihre Fantasie leben.

Stelle Dir ein gleichschenkeliges Dreieck vor: An der Spitze steht »Fantasie«, an der linken Basis »Theorie« und an der rechten »Tatsache«.

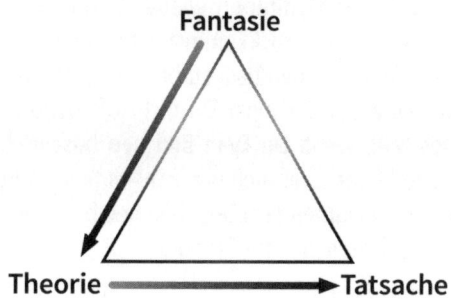

Als Du über den Menschen nachdachtest, der Du werden willst, und ein Bild in Deinem Geist aufbautest, haben sich buchstäblich neue Gehirnzellen entwickelt. Und während Du Deine Vision niederschriebst, haben sich neue Synapsen gebildet. Nun werden wir diese Gehirnzellen aktivieren.

Erlaube mir vorab die Erklärung, was passieren wird. Danach gebe ich Dir einen Link für die erwähnte Entspannungsmeditation.

Lege Dich für die Entspannungsmeditation an einen ruhigen Platz.

Nachdem Du sie durchgeführt hast und in einem entspannten Zustand bist, male Dir die Person vor Dein geistiges Auge, die Du sein willst. Du wirst beginnen, diese Gehirnzellen zu aktivieren. Die Kraft in Dir wird letztendlich Dein Bild nehmen, es durch Dich ausdrücken und in Dein Leben bringen. Aber es ist von absoluter Wichtigkeit, dass Du Dich mithilfe der Meditation in einen veränderten Bewusstseinszustand bringst und damit gleichsam den »Startknopf« für die Person drückst, die Du in der Vier-Schritte-Formel beschrieben hast.

Visualisiere Deine Fantasie. Sie wird sich immer klarer anfühlen und sich immer mehr in Deinem wirklichen Leben manifestieren.

Wenn Du nach der Meditation wieder in Deinen normalen Bewusstseinszustand zurückkommst, ist es sehr wichtig, dieses Bild, das Du begonnen hast zu beschreiben, noch einmal neu zu schreiben. Das kannst Du nicht oft genug machen. Denn jedes Mal, wenn Du Dein Bild neu beschreibst, wird es klarer und klarer. Eventuell wirst Du es hier und da leicht verändern, doch während Du Dein Bild neu beschreibst, gibst Du diesen Gehirnzellen mehr Energie.

Ich erinnere mich immer wieder gerne an die Geschichte von Napoleon Hill: Nachdem er sein Buch fertig hatte, setzte er sich nochmals hin und tippte es neu ab. Warum? Weil er nun über das gesamte Wissen verfügte und er es jetzt in einem neuen Bewusstseinszustand schreiben wollte, mit der Erwartung eines großen Erfolgs.

Deine »Theorie« – Dein Fantasiebild – wird buchstäblich immer mehr zu einer Tatsache werden. Roger Banisters Theorie bzw. Idee, als erster Mensch in der Geschichte die Meile in weniger als vier Minuten zu laufen, wurde zu einer Tatsache.

Formuliere also zunächst klar Deine Theorie. Danach wirst Du für die Entspannungsmeditation bereit sein; Du kannst sie unter folgendem Link herunterladen:
www.ReichtumsHacks.de/meditationen

Der Mensch, der man wird

Es gibt vieles, was wir nicht mit den Augen sehen – aber wir können es mit unserem Geist sehen. Und jemand, der ein klares Verlangen hat, kann genau das, wonach er verlangt, auch erreichen – und zwar von dem Zeitpunkt an, in dem er es mit seinem Geist sehen kann.

Ich habe einmal eine sehr inspirierende Geschichte gelesen:

> Charlie Boswell war ein blinder Sprecher. Er gehörte zu seiner Zeit zu den 10 Prozent der erfolgreichsten Versicherungsagenten der Welt. Charlie trug immer ein starkes Verlangen in sich, etwas zu erreichen. Doch wegen etwas, das ihm in Vietnam passiert war, hatte er nie das Haus verlassen. Er tat sich selbst leid.

> Eines Tages aber besuchte er doch in Atlanta/Georgia ein großes Golfturnier mit dem damals sehr berühmten Golfspieler Ben Hogan. Und sooft Ben an den T-Punkt ging, um abzuschlagen, feuerte Charlie ihn an: »Komm schon, Ben, du kannst das, komm schon, Ben, du schaffst das!« Die Aufsichtspersonen ermahnten Charlie: »Das ist ein Golfturnier, du musst hier so leise sein wie auf einer Beerdigung.«

> Doch Charlie machte während der gesamten 18 Löcher so weiter. Ben war sein persönlicher Held. Er erzählte: »Und ich wusste genau, niemand würde es wagen, einen blinden Mann vom Golfplatz zu werfen.«

> Als alles vorbei war, kam Ben zu ihm und sagte: »Ich möchte Ihnen danken, dass Sie für mich heute eine so große Inspiration waren!«

> Charlie antwortete: »Nein, ich sollte Ihnen danken, Ben. Wissen Sie, als ich das erste Mal Ihre Geschichte hörte, war ich ein Mann, der im Selbstmitleid versank. Doch dann hörte ich von Ihrem Autounfall, bei dem Sie sich kurz vor dem Aufprall schützend vor Ihre Frau warfen. Ich erfuhr, was die Ärzte

Ihrer Frau im Krankenhaus mitteilten, nämlich: ›Mrs Hogan, Ben wird diese Nacht nicht überleben‹, und dass Ihre Frau daraufhin sagte: ›Da kennen Sie ganz offensichtlich meinen Mann nicht!‹ Und da änderte sich meine Einstellung.«

Am nächsten Morgen hatte Ben den Experten gleichsam bewiesen, dass sie sich geirrt hatten, denn er war immer noch am Leben. Da warnten die Ärzte seine Frau vor: »Mrs Hogan, Ben wird niemals wieder laufen können!« Daraufhin antwortete die Frau wieder: »Da kennen Sie ganz offensichtlich meinen Mann nicht.«

Die Monate vergingen, und obwohl Ben, nachdem er sein Bewusstsein zurückerlangte, klar wurde, dass er mit einem zerschundenen Körper im Bett lag, wusste er zugleich, dass er wieder Golf spielen wollte.

Die Ärzte sagten zu seiner Frau: »Mrs Hogan, Ihr Mann möchte seine Golfschläger, er möchte, dass wir sie über sein Bett an die Decke hängen, damit er sie den ganzen Tag über sehen kann. Aber er wird niemals wieder Golf spielen können.« Und Mrs Hogan sagte auch diesmal: »Da kennen Sie meinen Mann schlecht.«

So erzählte Charlie, wie sehr ihn die Geschichte Ben Hogans inspiriert hatte. »Jetzt gewinnen Sie noch mehr Turniere als vor Ihrem Unfall«, sagte er zu dem Golfspieler. »Und das ist der Grund, warum ich eine neue Beziehung zu all den Dingen, die ich wirklich wollte, entwickelt habe.«

Ben Hogan war sichtlich berührt von dieser Geschichte und fragte Charlie, ob es irgendetwas gäbe, was er für ihn tun könnte. Und Charlie sagte: »Wenn ich darüber nachdenke, gibt es tatsächlich etwas. Ich bin selber ziemlich gut im Golf-spiel. Obwohl ich blind bin, habe ich schon viele Menschen auf dem Golfplatz geschlagen. Ich möchte eine ganze Runde Golf mit dem berühmten Ben Hogan spielen.«

> Ben ging mit Freuden auf die Bitte ein. Daraufhin fügte Charlie aber noch hinzu: »Gut, aber unter einer Bedingung: Ich möchte um tausend Dollar für jedes einzelne Loch spielen.«

Bevor ich diese Geschichte zu Ende erzähle, möchte ich, dass Du darüber nachdenkst, wie oft wir den äußeren Bedingungen die Herrschaft über uns geben. Es gibt so viele Menschen, die ihr Leben den äußeren Bedingungen unterwerfen. Hier ist ein Mann, dessen äußerer Sinn namens »Sehen« nicht mehr funktionierte; er war blind.

> Ben wehrte zunächst ab: »Das kann ich auf gar keinen Fall tun, ich kann nicht um tausend Dollar pro Loch mit Ihnen spielen. Was werden die Leute von mir denken?«
> Daraufhin antwortete Charlie: »Moment mal, Ben, Sie haben mich gefragt, ob Sie etwas für mich tun können. Ich habe es Ihnen gesagt, und jetzt machen Sie einen Rückzieher?«
> Natürlich konnte Ben keinen Rückzieher machen und sagte: »Ich sage Ihnen etwas, hier stehen ein paar Leute, die Zeugen der Tatsache sind, dass ich Sie gewarnt habe. Es wird nämlich mein allerbestes Spiel werden.«
> Daraufhin Charlie: »Etwas anderes hätte ich auch nicht von einem Ben Hogan erwartet.«
> Ben fragte: »Gut, wann wollen wir spielen?«
> Und Charlie sagte: »Heute Nacht, um 23 Uhr …!«

Das Prinzip »Erwartung«

Immer wieder höre ich, dass es den Menschen an Verlangen fehlt. Doch das glaube ich persönlich nicht. Wenn Du für einen Moment an all das denkst, was Du wirklich willst, und es auf einer Skala von 1 bis 10 einordnest: Was willst Du wirklich mit der Intensität von 10 haben?

Niemandem mangelt es an Verlangen. Das englische Wort für »Verlangen« – »*desire*« – kommt aus dem Lateinischen und bedeutet im übertragenen Sinn: »gebären, zur Welt bringen«.

Das Verlangen ist die Sprache der Seele; es scheint der grundlegende Unterschied zwischen den Menschen zu sein. Auf der einen Seite gibt es Menschen, die ein bestimmtes Verlangen fühlen, und im Gegensatz dazu gibt es andere, die ihr Verlangen nicht fühlen – und das hat etwas mit der Erwartung zu tun. Dies ist ein großes Prinzip, vielleicht das wichtigste Prinzip, das man für die Manifestation jemals lernen kann.

Lege dieses Buch zur Seite, nimm Stift und Papier zur Hand und schreibe (nochmals) auf, was Du sein willst. Jeder von uns trägt das Verlangen in sich, mehr zu sein, mehr zu tun und mehr zu haben.

Und nun, nachdem Du Deine Vorstellungen notiert hast, beantworte mir diese eine Frage: Erwartest Du bzw. rechnest Du fest damit, dass Du das, was Du aufgeschrieben hast, wirklich sein wirst, wirklich tun wirst, wirklich haben wirst?

Der Schlüssel ist die Erwartung: das Gute zu erwarten – das, wonach Du verlangst!

Schauen wir uns die Geschichte von Elisa, dem Propheten aus der Bibel (2. Könige 3), an:
Eines Tages kamen drei verbündete Könige zu Elisa und baten ihn, für ihren Sieg in der Schlacht und um Regen zu beten, damit sie Wasser für die Tiere und die Soldaten hätten. Und Elisa sagte den drei Königen, dass sie in ihr Lager zurückkehren und sich darauf vorbereiten sollten, Wasser zu erhalten, indem sie große Löcher graben sollten. Wenn Du die Wüste kennst, weißt Du, wie merkwürdig der Gedanke ist, große Löcher in den Sand zu buddeln und Regen zu erwarten. Aber diese Könige taten, was ihnen gesagt wurde. Wolken sammelten sich, der Regen fiel, und die Löcher wurden mit Wasser gefüllt. Die Menschen und ihre Tiere löschten ihren Durst, gingen gestärkt in die Schlacht und siegten. Elisa, der das Gesetz kannte, hatte ihnen Anweisungen gegeben und erleichterte ihnen dadurch, das Erwartete zu empfangen.

Der Schlüssel des Prinzips »Erwartung« heißt: Wir ziehen in unserem Leben dauernd das an, was wir erwarten. Was immer wir anziehen, das Gute oder Schlechte, es wird durch dasselbe Prinzip regiert.

Du kannst durch Dein Leben gehen und ein starkes Verlangen danach haben, alles Mögliche zu sein, zu haben und zu tun. Wenn Du aber nicht fähig bist, Dich selber auf der Leinwand Deines Geistes mit dem zu sehen, was Du willst, wirst Du noch nicht einmal das Verlangen in seiner ganzen Tiefe spüren. Und zwar so lange nicht, bis Du es siehst und vertrauensvoll handelnd in die Richtung der Erfüllung Deines Verlangens gehst.

Das erwarten, wonach das Verlangen ruft

Jeder kennt das Verlangen nach einem besseren und erfüllteren Leben. Doch nur etwa 20 Prozent der Menschen machen sich wirklich auf den Weg, ihr Ziel zu erreichen. Was passiert mit den anderen 80 Prozent, die auch ein großes Verlangen in sich tragen, die ebenfalls etwas erreichen wollen, mehr aus sich selbst machen wollen, mehr haben wollen und sich selber mehr lieben wollen, die einfach auch ein besseres Leben leben möchten?

»**D**er Sinn, nach dem unsere Seele strebt, ist die Suche danach, mehr und mehr zu werden, mehr zu werden, als sie jetzt schon ist.«

Was für ein großartiger Gedanke, formuliert von der inspirierenden Autorin Genevieve Behrend! Unsere Seele sehnt sich nach Wachstum, aber sie kann nicht wachsen, bevor wir ihr nicht erlauben zu wachsen und ihr den Kanal schaffen, damit sie sich besser ausdrücken kann. Stellen wir ihr diesen Kanal nicht zur Verfügung, gibt es kein Wachstum.

Wir sollten niemals ein Verlangen nach etwas haben, was wir nicht erwarten, und wir sollten niemals etwas erwarten, wonach wir nicht verlangen.

Erwartung ist ein Magnet
▬ ▬ ▬

In der kälteren Jahreszeit ab November können wir im Fernsehen immer wieder die gleichen Werbespots sehen: Jemand steht bei Kälte und Regen an einem Laternenpfosten, seine Nase läuft, es ist dunkel, und er kommt mit einer Erkältung nach Hause; ihm geht es richtig schlecht. Im nächsten Moment können wir aber sehen, wie er friedlich atmend in seinem Bett schläft, nachdem er ein bestimmtes Medikament konsumiert hat.

Wenn wir uns zur selben Jahreszeit die Schaufenster der Apotheken anschauen, können wir entsprechende Dekorationen zum Thema »Husten, Schnupfen, Halsschmerzen, grippaler Infekt« bewundern. Im Sommer sieht man nicht so viel davon, aber ab November beginnt die Erkältungssaison und somit auch die kollektive Erwartung, dass nun eine Erkältung droht.

Fragt man jemanden: »Hast du manchmal eine Erkältung?«, werden die meisten mit »Ja« antworten. Und wenn man nachhakt: »Wie viele hattest du diesen Winter schon?«, lautet die Antwort oft: »Eine.« Fragt man weiter: »Okay, kommt noch eine?«, werden einige sagen: »Ja, normalerweise so Mitte Januar.« Und wahrscheinlich werden sie recht behalten, denn dies ist der herrschende Geisteszustand. Die Erwartung ist ein Magnet und wird all das anziehen, was ähnlich schwingt.

Wir, meine Frau Michaela und ich, behaupten gerne, dass wir uns bereits getroffen haben, bevor wir uns überhaupt das erste Mal gesehen haben. Das klingt vielleicht etwas komisch, aber das ist das Gesetz der Erwartung. Ob wir uns damals dessen bewusst waren oder nicht – ich habe meine Frau in mein Leben hineingezogen, und meine Frau hat mich in ihr Leben hineingezogen. Liebe ist die Resonanz der Gedanken. Schauen wir uns Liebe an, sehen wir zwei Menschen, die in gleicher Weise schwingen.

Das Ziel bestimmt die Richtung

Stellen wir uns ein großes Fußballstadion vor, in dem kurzfristig die Tore entfernt wurden. Das Fußballspiel, das gerade läuft, wird schlagartig verwirrend, denn für das Spiel braucht man Tore. Ohne Tore gäbe es ein Hin und Her, ein planloses Rennen auf dem Feld, aber es würde überhaupt keinen Sinn ergeben, dieses Spiel zu spielen.

Wie kannst Du das Spiel des Lebens spielen, ohne ein sehr klares Ziel zu haben?

Viele Menschen haben zwar einen Wunsch, sehen sich aber nicht im Besitz des erfüllten Wunsches. Folglich blockieren sie die Kraft, die durch sie hindurch und mit ihnen fließt. Kraft kann nicht fließen, ohne dass man sich bereits im Besitz dessen sieht, was man verlangt.

Aber ist es nicht interessant: Wir alle sind gestartet und haben uns auf den Weg gemacht, etwas zu erreichen, unser Verlangen zu erfüllen. Und dann passiert etwas. An einem bestimmten Punkt rennen wir mitten in eine Krise, in einen Konflikt, und es scheint so, als würden wir einer Anforderung an uns selber begegnen.

Welchen Anforderungen begegnen wir, wenn wir versuchen, die Qualität unseres Lebens zu verbessern? Mutiger zu sein? Mehr Disziplin zu haben? Ein besserer Verkäufer zu sein? Ein wirklich liebenswerter Mensch zu werden? Ein besserer Vater, eine bessere Mutter zu sein?

Anforderungen als Chance sehen

In einem meiner Seminare wurde ich gefragt: »Alexander, gib mir einen guten Grund, warum ich unbedingt ein Ziel haben sollte! Warum sollte ich unbedingt versuchen, als Mensch zu wachsen, noch besser zu werden, als ich es bereits bin?«

Daraufhin zeigte ich ihm ein Familienbild mit unseren fünf Kindern: »Schau, das sind meine fünf Gründe: Es sind diese kleinen Augen, die auf dich gerichtet sind, und die dich Tag und Nacht beobachten; es sind diese kleinen Ohren, die alles hören und verstehen, was du sagst; es sind diese kleinen Hände, die unbedingt all das machen wollen, was du machst; es sind diese kleinen Jungen und Mädchen, die von dem Tag träumen, an dem sie endlich so sein werden wie du. Du bist das Vorbild dieser Kinder. Für sie bist du der Klügste der Klugen, und in ihrem unschuldigen Geist gibt es noch kein Misstrauen. Sie glauben hingebungsvoll an dich, sie glauben alles, was du ihnen sagst, und sie glauben an alles, was du tust. Sie träumen von dem Tag, an dem sie genauso sein werden wie du und ich.

Wie sind wir? Wir setzen jeden Tag ein Beispiel mit allem, was wir tun. Du bist ein Beispiel für diese Kinder, die davon träumen, dass sie eines Tages so sein werden wie du.

Aber warum erleben manche Menschen eine Anforderung, der sie in ihrem Leben begegnen, als Risiko und andere als Chance? Unser Geist ist ein großartiges Werkzeug. Wenn er mit einer neuen Anforderung konfrontiert wird, zeigt er uns eine neue Möglichkeit: Sie wird entweder die Antwort auf eine Gefahr oder die Antwort auf eine Chance sein. Wenn dein Geist dir eine Antwort anbietet, sobald du etwas als eine Gefahr ansiehst, beginnst du über Resultate nachzudenken, die du nicht haben willst.«

Wir sind geballte Energie und ziehen alles mit ähnlicher Schwingung an. Unser Denken kontrolliert unser Fühlen, unser Fühlen kontrolliert unsere Schwingung, und die Schwingung bringt den Körper in eine Bewegung.

Am Anfang des Buches sprachen wir von der Einstellung. Einstellung ist nichts weiter als unsere Gedanken, Gefühle und Handlungen. Dies ist Dein Schwingungszustand, die Energie, die Du in Dein Leben sendest. Und dies ist auch das Einzige, was in Dein Leben wieder hineinfließt, und zwar auf der Grundlage dessen, was aus Deinem Leben hinausfließt.

Deine Gedanken, Gefühle und Handlungen senden Energie aus und ziehen alles in Dein Leben hinein, was sich im Einklang mit dieser vorherrschenden Schwingung befindet. Daher kann Erwartung ein Segen oder ein Fluch sein, aber egal, was es ist, Erwartung ist auf jeden Fall eine der stärksten und unsichtbarsten Kräfte unseres Lebens.

Frage Dich: »Was erwarte ich in meinem Leben?« Schau Dir genau an, welche Resultate Du in allen Bereichen Deines Lebens erzielst, dann wirst Du erkennen, was Du bis zum jetzigen Zeitpunkt erwartet hast.

Sorgen und Zweifel sind das Gegenteil von Erwartung. Sorgen bedienen sich allerdings derselben Energie wie Erwartung und erschaffen ein magnetisches Feld, um alles anzuziehen, was in der gleichen Schwingung ist. Deshalb wird in unserem Leben genau das passieren, worum wir uns sorgen.

Die Veränderung der Erwartungen

Als Paar- und Familientherapeut in eigener Praxis habe ich auch mit Kindern gearbeitet, deren Schulleistungen problematisch waren – problematisch vor allem für ihr Selbstvertrauen.

Die Herangehensweise, die ich nun beschreibe, hat mir Bob Proctor vermittelt:

Nehmen wir einmal einen Schüler; wir nennen ihn hier Daniel. Sein Zeugnis ist voller Vieren, Fünfen und Sechsen. Im ersten Schritt nahmen wir eine Fotokopie des Zeugnisses, überstrichen alle Zensuren mit weißer Korrekturflüssigkeit und kopierten dieses Zeugnis nochmals. Danach trugen wir die Noten ein, die dieser Schüler haben wollte.

Ich sagte zu ihm: »Das, was ich erkennen kann, ist ein Junge, der gerne gute Leistungen haben will. Und was ich auch sehe, ist ein Junge, der derzeitig keine guten Noten hat. Weißt du, es gibt ein paar Herausforderungen. Eine dieser Herausforderungen sind deine gleichaltrigen Mitschüler. Sie wollen nicht, dass du gute Noten bekommst, denn dann würden sie dir das Gefühl geben, uncool zu sein und nicht mehr dazuzugehören. Wirst du dich davon aufhalten lassen?«

Daniel darauf: »Nein.«

»Also, niemand hat das Recht, dir ein schlechtes Gefühl zu geben, wenn du nicht damit einverstanden bist! Wirst du dich daran erinnern?«

Daniel mit einem Grinsen im Gesicht: »Ja, niemand hat das Recht, mir ein schlechtes Gefühl zu machen.«

Im nächsten Schuljahr hatte Daniel Zweien und Dreien. Er zeigte mir sein Zeugnis, und ich sagte: »Was für ein Riesensprung! Aber was für Noten willst du wirklich?«

Er meinte: »Ich möchte vor allem Einser haben.«

Ich schickte ihn nach Hause, und seine Aufgabe bestand nun darin, ein leeres Zeugnis auszufüllen. Er sollte sich hinsetzen, selber die Zensuren eintragen, die er in diesem Schuljahr haben wollte, und dieses Zeugnis gut sichtbar in seinem Zimmer aufhängen. Jede Nacht vor dem Schlafengehen sollte er sich vorstellen, dass er diese Noten haben wird. Ein Jahr später hatte er diese Noten!

Während des Schuljahres passierte noch etwas Ungewöhnliches: Seine Eltern mussten umziehen. Er kam in eine neue Schule, wo ihn niemand kannte, wo niemand eine vorgefertigte Meinung von ihm hatte, und in diesem Jahr schaffte er es bis auf ein Fach, lauter Einsen zu bekommen.

Warum können wir uns nicht auch mit unseren Kindern hinsetzen und das Zeugnis bereits schreiben, bevor das Schuljahr überhaupt angefangen hat? In Unternehmen ist so etwas mittlerweile üblich. Warum sollten wir nicht eine Erwartung schaffen?

Lege dieses Buch zur Seite und schreibe auf, was Du für Dein persönliches Leben, für Dein Familienleben, Dein berufliches Leben wirklich willst! Und als zweiten Schritt notiere, ob Du wahrlich erwartest, all das zu erreichen. Hier geht es darum, den Unterschied zu begreifen zwischen dem, wonach Du wirklich verlangst, und dem, was Du erwartest. Suche tief in Deinen Gefühlen und beschreibe, was Du bis zum jetzigen Zeitpunkt in Deinem Leben erwartet hast.

Das Bestimmen der Gedanken
▬ ▬ ▬

Nach der vorigen Übung stellt sich nun die Frage, warum wir das Gewünschte nicht erwartet haben. Meistens erlauben wir den Gefahren, darüber zu bestimmen, ob wir etwas tun oder nicht. Oder wir erlauben anderen, darüber zu bestimmen, ob etwas passiert oder nicht. Wir erlauben unseren äußeren Umständen, zu bestimmen, ob wir es erwarten oder nicht. Wir haben unseren Gefühlen erlaubt, dies zu bestimmen. Aber …

Du selbst bestimmst Deinen vorherrschenden mentalen Zustand! Du bestimmst über Deine Gedanken!

Was tust Du, um Dein Einkommen zu erhöhen? Ich könnte Dich genauso gut fragen: Was tust Du, um Deine Beziehung oder Deine Gesundheit bzw. Dein Wohlbefinden zu verbessern? Was tust Du, um Deine Produktivität zu verbessern, um alles in Deinem Leben zu optimieren? Sollte Deine Antwort auf diese Frage »Nichts« lauten oder Du erst jetzt nachdenken, was Du tun könntest, hast Du wahrscheinlich die Gedanken in den vorherigen Kapiteln noch nicht verinnerlicht. Sei Dir darüber im Klaren, dass die Kapitel wie Teile eines Puzzles sind; sie hängen mit jedem anderen zusammen. Wenn wir sie zusammenfügen, können wir das gesamte Bild sehen.

Auf einem Live-Seminar sprach mich ein Mann an: »Weißt du, Alexander, was du da sagst, ist alles schön und gut, und ich würde auch wirklich gerne damit vorankommen. Aber ich bin jetzt 50 Jahre alt. Ist dir das klar: Wenn ich endlich mein Ziel erreicht habe, bin ich ja schon 58.«
Ich konnte ihm nichts anderes sagen als: »Gut, wie alt wirst du sein, wenn du dieses Ziel nicht erreichen wirst?«

»**A**ll die Bedingungen und Umstände in unserem Leben sind das Resultat einer gewissen Ebene des Denkens. Wenn Du die Bedingungen und Umstände ändern willst, musst Du die Ebene des Denkens verändern, die dafür verantwortlich ist.«

Albert Einstein

Wir müssen die Ebene des Denkens verändern, die für unsere Erwartungen verantwortlich ist. Wir müssen in eine neue Dimension vorstoßen.

Erwartung ist der Auslösemechanismus

Falls wir nicht extrem vorsichtig sind, kann sich die Erwartung blitzschnell zu einer tödlichen Bedrohung entwickeln. Nämlich dann, wenn wir erwarten, dass etwas Schlechtes passieren könnte. Daher müssen wir mit der Ausübung dieser Kraft sehr behutsam sein.

Inzwischen ist Dir klar, dass wir niemals Wohlstand in unserer materiellen Welt haben können, bevor wir nicht zuerst diesen Wohlstand in unserem Geist visualisieren. Und uns sollte bewusst sein, dass das Edelste und Exzellenteste an uns in seiner Natur formlos ist.

Bevor wir Armut und Mangel überwinden können, die es in unserer äußeren Welt gibt, müssen wir die tief in uns vergraben liegende Verarmung überwinden. Mit »Verarmung« meine ich verschiedene Gebiete unseres Lebens. Manche Menschen sind gefühlsmäßig bankrott, andere sind auf der Ebene ihrer Beziehungen, der Gesundheit, der Spiritualität verarmt oder finanziell pleite.

Mit einer eindrücklichen Parabel möchte ich Dir zeigen, wie sehr unsere Erwartung diese formlose Kraft in eine Form bringt.

Die selbst auferlegte Begrenzung
▬ ▬ ▬

Stelle Dir ein älteres Ehepaar vor, das vor über hundert Jahren irgendwo auf dem Land lebte. Die beiden wohnten dort bereits ihr ganzes Leben lang, kannten nichts weiter als das, was sich in ihrer unmittelbaren Umgebung befand. Alles, was sie bisher nutzten, um ihr Zuhause zu erhellen, waren Kerzen oder eine Petroleumlampe. Ab und zu kamen fahrende Händler vorbei und erzählten ihnen etwas von Elektrizität, aber sie selber hatten noch nie eine Erfahrung mit Elektrizität gemacht.

Stelle Dir vor, der Mann und die Frau würden für die letzten Jahre ihres Lebens in ein Städtchen umziehen, in ein neues Haus, und zu ihrem Erstaunen würde dieses Haus wie von Geisterhand mit kleinen 10-Watt-Glühbirnen beleuchtet. Wahrscheinlich ginge es ihnen so wie uns damals, als wir das erste Mal eine E-Mail schrieben und sie in Sekundenschnelle beim Empfänger war. Jedenfalls kannst Du Dir bestimmt gut vorstellen, wie dieses Ehepaar am Lichtschalter steht und ihn an- und ausmacht, einfach weil sie es unfassbar finden. Licht in der Dunkelheit gab es für sie bisher nur in Form von Himmelskörpern und von Feuer. Vollkommen begeistert sind sie davon, dass sie sich daran nicht verbrennen können. Sie können den Schalter einfach ausschalten, es wird dunkel, und dann auch wieder anknipsen, und sofort wird es hell.

Elektrizität ähnelt der Kraft, die wir in unserem Leben nutzen, und zwar in vielerlei Hinsicht. Bei der Arbeit mit Elektrizität müssen wir immer von einem höheren zu einem niederen Potenzial arbeiten. Jeder Elektriker kann uns das bestätigen. Wenn wir versuchen, von einem niedrigeren Potenzial zu einem höheren Potenzial zu arbeiten – bei der Elektrizität nennt man dies »Spannung« –, werden wir nicht in der Lage sein, die Elektrizität zu nutzen, jedenfalls nicht auf eine positive Weise.

Wir können Elektrizität einsetzen, um ein schmackhaftes Essen zu kochen, wir können mit ihrer Hilfe die dunkle Nacht erleuchten oder Musik hören, aber Elektrizität kann auch jemanden töten. Elektrizität hat – wie alles – zwei Seiten.

Nachdem sich das ältere Ehepaar an das neue Konzept gewöhnt hatte und das Licht inzwischen ohne Angst an- und ausschaltete, klopfte ein fahrender Händler an ihre Tür. Er hielt eine Glühlampe in seiner Hand: »Die kleinen Glühbirnen, die ihr benutzt, sind heutzutage nicht mehr gut, denn dieses Licht ist sehr begrenzt. Was ihr wirklich braucht, ist eine 60-Watt-Glühbirne. Im Vergleich mit diesen neuen ist die alte 10-Watt- Glühbirne im Grunde nutzlos.«

Das ältere Ehepaar verstand nicht, wovon der fahrende Händler sprach, also erklärte er weiter: »Schaut, eine von diesen Lampen wird dieses Zimmer viel heller machen als all eure alten Glühlampen zusammen. Lasst es mich euch zeigen.«

Er ging durch den Raum, schraubte all die kleinen Glühlampen heraus und stattdessen eine 60-Watt-Glühbirne ein – und auf einmal, zum Erstaunen der älteren Leute, wurde das gesamte Zimmer noch viel heller, und sie konnten kaum glauben, dass so viel Licht aus einer einzigen Lichtquelle kommen kann.

Und nun versuche Dir einmal vorzustellen, wie sich dieser fahrende Händler bemühte, dem älteren Ehepaar beizubringen, dass die Zauberei nicht in der Glühlampe steckte, sondern sie schon immer da war.

Ein Elektriker oder Elektroingenieur kann uns darlegen, dass die einzige Begrenzung dieser Kraft – der Elektrizität – in der Form liegt, durch die diese Elektrizität fließt. Fragen wir einen Elektriker nach der Wirkung der Elektrizität, wird er uns antworten, dass elektrischer Strom eine Art Bewegung ist und dass seine Wirkung von dem Mechanismus bzw. der Vorrichtung abhängt, mit der er verbunden ist.

Welche Wirkung kann nun durch Denken produziert werden? Gedanken sind bewegter Geist – genauso wie Wind bewegte Luft ist. Ihre Wirkung ist voll und ganz abhängig von dem Mechanismus, mit dem sie verbunden ist. Hier ist also die Offenbarung des Geheimnisses:

Geistige Macht hängt voll und ganz von dem Mechanismus ab, mit dem wir sie verbinden.

Was verstehen wir hier unter »Mechanismus«? Den Mechanismus, den Edison, Bell, Marconi oder andere elektrische Zauberer entdeckt haben, kennen wir. Aber hast Du jemals innegehalten und darüber nachgedacht, dass dieser Mechanismus für die Umwandlung der universellen, allgegenwärtigen, potenziellen Kraft und Macht von einem noch größeren Erfinder als Edison geschaffen wurde?

Wir sind es gewohnt, uns die Mechanismen unserer Geräte näher anzusehen, und wir versuchen, die Mechanismen unserer Autos zu verstehen, aber die meisten von uns verbleiben in völlig selbstzufriedener Unkenntnis über den großartigsten Mechanismus, der jemals erschaffen wurde: unseren menschlichen Geist.

Eine Glühlampe mit der Stärke von 10 Watt lässt 10 Watt durch sich hindurchfließen, während eine Glühlampe mit 60 Watt eben 60 Watt fließen lassen kann, und eine Lampe mit 200 Watt kann 200 Watt durch sich fließen lassen. Zur Wiederholung: Die Begrenzung liegt nicht in der Elektrizität, sondern in der Glühlampe. Und genauso verhält es sich mit der Kraft, über die wir hier in diesem Buch sprechen.

Die einzige Begrenzung der schöpferischen Kraft liegt in dem Menschen, durch den sie fließt.

Wenn Du also Dein Leben mit einem größeren Maß von all dem, was wir »Wohlstand« nennen, durchdringen lassen möchtest, brauchst Du eine größere Idee, größere Vorstellung, größere Vision, ein größeres Ziel. Durchdringe Deine Persönlichkeit mit einer größeren Idee – und Du wirst zuschauen können, wie sich Deine Resultate mit der Geschwindigkeit verändern, mit der sich zuvor die Helligkeit des Raumes veränderte.

Eine große Idee wählen

Ich hatte einen Klienten, der 30.000 Euro im Jahr verdiente. Ich sagte zu ihm: »Okay, diese 30.000 Euro im Jahr sind wie eine 10-Watt-Glühbirne.« Ich erzählte ihm die Geschichte von dem älteren Ehepaar.

Nach eineinhalb Jahren war sein Einkommen auf 200.000 Euro im Jahr gestiegen, und ich sagte zu ihm: »Du hast dir nicht einmal die Mühe gemacht, die 60-Watt-Glühbirne einzuschrauben, sondern bist gleich mit der 200-Watt-Glühbirne gekommen.«

Dieser Klient glaubte tatsächlich, dass er eine 200.000-Euro-Idee in sich aushalten konnte. Und ich sage Dir, auch Du kannst eine größere Idee aushalten. Die Halterung für die Glühlampe ist bei jedem gleich.

Diese Geschichte erzähle ich immer wieder in meinen Seminaren und Workshops. Einmal kam eine Klientin zu mir: »Alexander, ich habe gleich eine 1000-Watt-Glühbirne eingeschraubt.«

Egal, welche Intensität Deine Lampe derzeit hat – Du kannst sie immer gegen eine stärkere tauschen. Diese Kraft, von der wir hier sprechen, unterscheidet nicht zwischen den verschiedenen Lampenfassungen, wenn ich die Metapher so anwenden darf. Sie fließt durch jede Glühlampe, die mit dieser Kraft korrekt verbunden ist, egal wie hoch die Watt-Zahl dieses Leuchtkörpers ist. Und wenn diese Kraft bei jemandem nicht richtig fließt, bedeutet dies nicht, dass sie nicht wirken würde, sondern es besteht anscheinend kein Kontakt zwischen der Kraft und der Glühlampe.

Wenn eine Lampe nicht funktioniert, käme niemand auf die Idee, zu sagen, dass das Gesetz der Elektrizität nicht mehr funktioniert. Nein, man würde sagen: »Okay, vielleicht ist die Sicherung durch, der Stecker ist nicht richtig drin, die Glühlampe ist defekt, oder es gibt einen Wackelkontakt.« Aber niemand zweifelt an der Funktionsweise der Elektrizität – obwohl niemand jemals die Elektrizität an sich gesehen hat.

In meiner Kindheit haben wir in Düsseldorf gewohnt und sind manchmal an den Rhein gefahren. Entlang der Deiche gab es Elektrozäune, die ein Ausbrechen der weidenden Schafe verhindern sollten. Manchmal habe ich mir einen »Spaß« daraus gemacht, besonders mutig zu sein und an den Elektrozaun zu fassen. Ich wollte wissen, wie sich diese Kraft anfühlt, konnte sie aber nicht sehen. Die Kraft, über die wir hier sprechen, ist genauso unsichtbar und trotzdem jederzeit und an jedem Ort gleichermaßen vorhanden.

Es ist Deine Idee und es ist Dein angestrebtes Ziel, die darüber bestimmen, wie viel Kraft durch Dich hindurchfließen wird. Solltest Du das Gefühl haben, dass Du derzeitig eine zu kleine Glühbirne in Deiner Fassung trägst, wird es höchste Zeit, den Leuchtkörper auszutauschen. Ja, das erfordert eine ganze Menge Mut.

Und nun entscheide Du, welche Idee um einiges größer, aufregender und im wahrsten Sinne des Wortes leuchtender wäre als all das, was Du bisher getan und erreicht hast. Schreibe es auf und triff die Entscheidung, dass Du eine neue, hellere Lampe mit einer höheren Watt-Zahl in Deine Fassung einschrauben willst.

Wenn Du damit fertig bist, ziehe Dich für die Entspannungsmeditation (siehe 4. Schlüssel, Unterkapitel »Von der Fantasie zur Theorie zur Tatsache«) an einen ruhigen, ungestörten Ort zurück.

www.ReichtumsHacks.de/meditationen

Mache diese Übung mindestens einmal täglich einen Monat lang. Bleibe dran und es werden sich magische Dinge in Deinem Leben ereignen!

5. SCHLÜSSEL:

DAS DURCHHALTEVERMÖGEN

Der Fähigkeit des Durchhaltens widmete Napoleon Hill einen großen Teil seiner Arbeit. Und er sagte etwas sehr Bedeutendes:

D»as Wort ›Durchhaltevermögen‹ mag für viele vielleicht nicht besonders heldenhaft klingen, aber Charakter ist für die Qualität eines Menschen das, was Kohlenstoff für den Stahl ist.«

Das Einzige, was Menschen vom Kaliber eines Thomas Edison oder Henry Ford von der übrigen Menschheit trenne, sei genau diese Schlüsselfähigkeit des Durchhaltevermögens. Hill schrieb weiter: »Diese beiden großen Männer hatten ein Bild, und sie erlaubten nichts und niemandem, sie davon abzubringen – sie waren absolut beharrlich. Der eine hat die Welt elektrisch erleuchtet, der andere Mann hat die Massen mit dem Automobil mobil gemacht. Beide wurden, selbstverständlich, sehr reich belohnt.«

Erinnere Dich daran, dass Geld immer eine Belohnung für einen geleisteten Dienst ist. Diese Männer haben Enormes für Millionen von Menschen geleistet, und ihre Belohnung stand in direktem Verhältnis zu diesem Dienst. Somit ist die Formel für Dich im Grunde genommen ganz einfach:

Baue das Bild Deines Wohlstandes auf und sei »durchhaltevermögend«!

Das Wort »durchhaltevermögend« mag vielleicht schräg klingen, aber ich glaube wirklich daran, dass Dir dies ein Vermögen bringen wird. Und wenn Du Dein Bild hältst und durchhältst, wird Dir der Weg, wie sich Dein Bild verwirklichen kann, gezeigt werden.

Standhaft bleiben
▬ ▬ ▬

Es ist kein Geheimnis, dass ich Napoleon Hill sehr verehre und seine Arbeit hoch schätze. Ich habe einmal einen ganzen Monat lang jeden Tag sein Kapitel über Durchhaltevermögen gelesen. Und ich muss sagen, die Informationen darin haben mir gerade in Situationen, in denen ich kurz vor dem Aufgeben war, sehr geholfen. Ich hatte ein sehr großes Ziel und ein sehr klares Bild im Kopf, doch der Weg dorthin schien unendlich weit. Viele Jahre verbrachte ich damit, bis tief in die Nacht zu lesen und zu studieren. Ich besuchte unzählige Seminare, flog Zehntausende von Kilometern weit um die ganze Welt, um bei bestimmten Lehrern lernen zu können, und verdiente anfangs damit kaum Geld, im Gegenteil, ich investierte eine hohe fünfstellige Summe in meine eigene Ausbildung. Oft war ich kurz davor, mir zu sagen: »Nein, ich werde es niemals schaffen.« Das war natürlich ein sehr niederschmetterndes Gefühl.

Ich arbeitete als Paar- und Familientherapeut, doch ich wollte Menschen noch tiefgehender helfen. Der Kern meiner Botschaft sollte lauten: »Du kannst alles haben, sein und tun, wenn Du unwiderruflich die Entscheidung dafür getroffen hast und bereit bist, den Preis dafür zu zahlen.« Mein Gefühl passte überhaupt nicht zu dieser Botschaft, da ich nicht das Gefühl hatte, dass ich jemals ankommen würde.

Natürlich gab es auch lichte Momente, in denen mir klar war, dass dieser ganze mühsame Weg damit zu tun hatte, dass ich erst einmal der Mensch werden müsste, der das tun kann, was ich tun wollte. Und da half mir Napoleon Hill mit seinem Kapitel über das Durchhaltevermögen sehr.

Ein anderer Lehrer auf meinem Weg war Bob Proctor. Er sagte mir einmal, dass er elf Jahre gebraucht habe, um dorthin zu kommen, wo er hinwollte. Das beruhigte mich – gleichzeitig beunruhigte mich der lange Zeitraum aber auch sehr: elf Jahre! Bob sagte immer wieder zu mir: »Alexander, du musst das Bild in deinem Geist halten, ganz unabhängig von den äußeren Umständen. Du darfst niemals den äußeren Umständen – egal, wie sie auch sein mögen – erlauben, dieses Bild in deinem Geist zu verdrängen. Halte dein Bild!«

Also hielt ich mich daran, baute das Bild immer klarer auf und schaffte es, durch all die Phasen des Zweifelns und der Niederlagen dieses Bild in meinem Geist zu halten. Und dann, eines Tages, als ich am wenigsten damit rechnete, begann sich dieses Bild zu manifestieren. Alles wurde sehr viel leichter. Es fühlte sich an, als hätte ich auf einmal Rückenwind.

Nehmen wir dieses Buch als Beispiel: Auf einmal kam ein Verleger auf mich zu und wollte unbedingt dieses Buch mit mir machen – noch bevor es geschrieben war, wollte er mich unbedingt als Autor! Und jetzt hältst Du es in den Händen.

Es ist sehr wichtig, dass Du Deinen Geist auf ein höheres Bild richtest statt auf Sorgen und Zweifel, die eine niedrigere Schwingung tragen. Baue Dein Bild auf, entwickle die mentale Stärke, es zu halten. Und jedes Mal, wenn Zweifel aufkommen, fokussiere Dich auf dieses Bild. **Halte Dein Bild!**

Starte dort, wo Du jetzt bist

Du musst genau jetzt ein Bild aufbauen, genau dort, wo Du bist. Warte nicht, bis Du dieses Buch fertig gelesen hast, warte noch nicht einmal bis zum Ende dieses Kapitels!

Vor vielen Jahren, noch bevor Napoleon Hill starb, fasste Earl Nightingale das Werk von Napoleon Hill auf das Wesentliche zusammen und besprach damit eine Langspielplatte. Am Ende dieser Schallplatte hört man Napoleon Hill persönlich sprechen; er sagt unter anderem:

Und jetzt, wo ich die Hand der Freundschaft ausstrecke durch Zeit und Raum, lass mich Dich daran erinnern, dass Du nicht nach Möglichkeiten in der Ferne suchen sollst, sondern dass Du sie ergreifst und nutzt, genau da, wo Du gerade jetzt bist.«

Wallace D. Wattles spricht von einer formlosen Denksubstanz, welche uns zu jeder Zeit umgibt. In gewisser Weise meinen beide das Gleiche.

Beginne jetzt damit, Dein Bild aufzubauen, und erlaube Dir, dieses Bild zunehmend zu stärken. Du brauchst nichts zu *versuchen; erlaube* einfach dem Bild eines reicheren Lebens, ins Zentrum Deines Bewusstseins zu fließen, denn dieses Bild ist bereits da. Tief in Dir ist es bereits vorhanden. Erlaube ihm zu erscheinen. Sofort!

Das Leben führen, das Du wirklich willst

Felsenfest bin ich davon überzeugt, ohne Zweifel: Sobald Du das Bild von dem Leben, das Du wirklich führen willst, von dem Menschen, der Du wirklich sein willst, in Deinem Geist aufbaust und es fest auf der Leinwand Deines Geistes hältst, wirst Du das Leben führen, das Du Dir schon immer erträumt hast!

Mischst Du Deine Vorstellungskraft mit dem absoluten Willen, beharrlich durchzuhalten, kannst Du alles haben, sein und tun!

Ich habe als Coach und Mentor mit Menschen gearbeitet, die alles andere als erfolgreich waren. Ich habe mit Menschen gearbeitet, die – wie sie von sich selbst behaupteten – auf der Verliererstraße waren. Aber ich habe auch zahlreiche Menschen gesehen, die es geschafft haben, mit dem neuen Bild in ihrem Geist und mit großem Durchhaltevermögen wirklich das Leben zu leben, von dem viele große Meister sagen, dass diese Art des selbstbestimmten Lebens unser Geburtsrecht ist.

Es ist an Dir, Dich zu entscheiden, wie Du Dein Leben verändern willst!

Das Haus, das Du vielleicht willst, bekommst Du nicht einfach, indem Du es Dir *wünschst* – sondern Du *entscheidest,* es zu bekommen! Was für eine Art von Haus möchtest Du?

Den Beruf, den Du wirklich ausüben möchtest, bekommst Du nicht, indem Du ihn Dir einfach nur wünschst. Was möchtest Du beruflich wirklich tun?

Ich habe Mittfünfziger begleitet, die es gegen alle Hindernisse schafften, ihren Traumberuf zu erlernen. Mit 60 begannen sie nochmals vollkommen neu und wurden darin erfolgreich, vielen Menschen zu helfen. Sie leben jetzt das erfüllte Leben, von dem sie immer träumten.

Die Beziehung, die Du Dir wünschst, wirst Du nicht einfach bekommen, indem Du sie Dir wünschst. Wie soll die Beziehung Deiner Träume wirklich aussehen? Sobald Du die Entscheidung getroffen hast, dass Du die Beziehung führen wirst, die Du Dir erträumst, wirst Du diese Beziehung führen.

Ein neues Bild
▬ ▬ ▬

Baue das Bild auf, das Dich als einen glücklichen, gesunden und wohlhabenden Mensch zeigt! Und nimm in dieses Bild auch die Einstellung mit hinein, dass Du jedem anderen Menschen mindestens genauso viel Gutes gönnst wie Dir selbst.

Ich verspreche Dir, Dein Leben wird absolut unbeschreiblich werden! Falls Du es bis jetzt im Lauf der Lektüre dieses Buches noch nicht umgesetzt hast: Baue dieses Bild in Deinem Geist auf, noch bevor Du heute Nacht ins Bett gehst. Tue dies jetzt!

Falls Du es bis jetzt nicht getan hast: Setze Dich hin, nimm einen Stift und ein Blatt Papier und beschreibe ganz genau, wie Du leben willst – in allen Einzelheiten –, und ich garantiere Dir, dass Du

Dich sehr schnell verändern wirst. Du wirst buchstäblich ein Teleskop brauchen, um in einem Jahr den Menschen wiederzuerkennen, der Du jetzt noch bist.

Egal, wo Du derzeitig stehst, ob Du bereits erfolgreich bist oder noch auf erfreuliche Erfolge wartest: Dieses Konzept wird Dich in eine völlig neue Dimension katapultieren.

Du wirst es niemals mit Gewalt schaffen. Du schaffst es nur mit Vertrauen und auf gesetzmäßige Weise. Der Schlüssel dazu ist der Aufbau des Bildes in Deinem Geist.

Und egal, was kommt: Halte durch! **Halte Dein Bild!**

6. SCHLÜSSEL:

DIE BEFREIUNG

Wie die Zukunft aussehen wird und wie wir uns darauf vorbereiten sollten, können wir im Voraus nie wissen. Wenden wir aber die richtigen Ideen an, können wir uns absolut sicher sein, dass es etwas Gutes und Großartiges werden wird. Denn die Zukunft basiert auf dem, was wir gerade jetzt tun.

Indem wir unsere Zeit damit verbringen, über die Vergangenheit nachzudenken, stellen wir im Grunde sicher, dass die Zukunft genau so sein wird wie die Vergangenheit. Was vorbei ist, ist vorbei; abgesehen davon, dass es manchmal sinnvoll ist, das Vergangene zu reflektieren, sollten wir die Vergangenheit in der Vergangenheit belassen.

Jeder Art von Fortschritt geht eine Krise voran. Nachdem einmal jemand seinen Job verloren hatte, soll der berühmte Schweizer Psychologe C. G. Jung einst in den Keller gegangen sein; er holte die beste Flasche Wein, die er besaß, und sagte in etwa: »Lass uns darauf anstoßen, denn jedem Fortschritt geht eine Krise voran. Und je größer die Krise, desto größer ist die Chance, voranzukommen.«

Aus jeglicher Form von Verwirrung entsteht Ordnung, und zwar eine Ordnung auf einer höheren Ebene. Also eine Ordnung, die größer ist als jene in der Zeit zuvor.

Solltest Du darauf beharren, Dein Leben rückblickend zu leben – so, als würdest Du immer wieder in den Rückspiegel Deines Autos schauen –, wirst Du niemals messbaren Wohlstand erreichen. Leider scheint dies bei vielen Zeitgenossen ein sehr verbreiteter Irrtum bzw. eine Gewohnheit zu sein.

Jesus hat gesagt: »Lass die Toten ihre Toten begraben« (Matthäus 8,22). Wir müssen aufhören, auf unser Leben zurückzublicken und uns um all das zu sorgen, was bereits passiert ist und was wir jetzt nicht mehr ändern können. Denn diese Art von geistiger Beschäftigung wird niemals zu nennenswerten Erfolgen führen. Stattdessen müssen wir verstehen, dass all die großartigen erfolgreichen Menschen der Vergangenheit visionäre Menschen waren. Es waren Männer und Frauen, die ihren Blick in die Zukunft richteten und sich nicht mit Altlasten beschäftigten. Diese Menschen dachten darüber nach, was sein könnte, statt darüber, was bereits da war. Und dann krempelten sie die Ärmel hoch, um ihre Vision in die Wirklichkeit zu bringen.

Schaue in eine prachtvolle Zukunft, in der Freiheit, Geld und Resultate Deine treuen Gefährten sind. Der erste Schritt zu dieser Freiheit besteht darin, Dich von allem, was Dich einschränkt, zu befreien. Schaue nicht zurück, schaue nach vorn, denn nur so kannst Du in eine prachtvolle Zukunft blicken.

Mir ist natürlich nicht bekannt, wovon oder von wem Du abhängig bist oder in irgendeiner Form eingeschränkt wirst. Vielleicht ist es die Vergangenheit, an der Du noch klebst, vielleicht sind es Schuldgefühle, womöglich Verpflichtungen aller Art. Eventuell könnte es Dein Arbeitsplatz sein. Bei den meisten Menschen sind es zwischenmenschliche Beziehungen, das Geld sowie die Umgebung.

Unter dieser Webadresse kannst Du eine **Befreiungsmeditation** herunterladen, die Dir hilft, alten emotionalen Ballast abzuwerfen: *www.ReichtumsHacks.de/meditationen*

Dieser Schlüssel soll Dich befreien, damit Du Dich vollkommen Deiner neuen Gegenwart und Zukunft widmen kannst. Vielleicht ist dieser Schlüssel der allerwichtigste von allen. Deshalb: Schaue nicht zurück, blicke nach vorne, damit Du die Vergangenheit hinter Dir lassen kannst. Nur so wirst Du Dich frei und unbeschwert – als starke Persönlichkeit – Deinem selbstbestimmten Leben widmen können.

Die Gefangenschaft liegt in der Vergangenheit, die Freiheit im Jetzt
▬ ▬ ▬

Manche von uns haben Trennung und Scheidung hinter sich, andere eine Insolvenz oder sonst eine traumatische Erfahrung. Dennoch gilt: Was vorbei ist, ist vorbei. Seine Zeit damit zu verbringen, sich auf die Vergangenheit zu fokussieren, bedeutet, das Einzige zu verschwenden, was wir besitzen, nämlich – metaphorisch gesprochen – den Sand im oberen Teil der Sanduhr. Es ist Deine kostbare Lebenszeit! Die Sanduhr hält niemals an. Dieser Sand ist alles, was wir haben. Die Zeit mit Grübeleien über die Vergangenheit zu verbringen bedeutet, absolut sicherzustellen, dass die Zukunft genau so sein wird wie die Vergangenheit.

Ich nehme an, dass Du das genauso siehst und daher hoffentlich sehr wenig Zeit damit verbringst, über das Vergangene nachzudenken.

Alles, was Du hast, ist *Dein Jetzt!* Deine Freiheit liegt im Jetzt – während die Gefangenschaft in der Vergangenheit liegt. Nur die Vergangenheit hält uns gefangen.

Vorwärtsdenkende Menschen
▬ ▬ ▬

Wir können um die ganze Welt fliegen, wir können mit Leuten auf der ganzen Welt in Echtzeit kommunizieren, ohne jemals das Haus verlassen zu müssen. So viele wunderbare Möglichkeiten stehen uns heutzutage offen, weil Menschen wie Du und ich außergewöhnliche Bilder von Dingen auf der Leinwand ihres Geistes aufgebaut haben, die es zuvor noch nicht gab. Diese Erfinder waren in der Lage, in die Zukunft zu schauen und zu erkennen, was sein könnte, statt das zu sehen, was es bisher schon gab. Und ganz wichtig: Sie haben die Skeptiker ignoriert, laut denen das niemals funktionieren würde. Sie drehten sich um und taten es einfach.

Lass Dich nicht von Deinen körperlichen Sinnen fehlleiten. Wir alle sind ausgestattet mit den gleichen grundlegenden Werkzeugen für klares Denken wie die Wright-Brüder, Carl Benz, Thomas

Edison oder Guglielmo Marconi. Und wir haben auch alle die von Gott gegebene Fähigkeit, diese Werkzeuge anzuwenden, genauso wie es diese großartigen Erfinder getan haben. Wir alle wurden mit der mentalen Fähigkeit ausgestattet, in die Zukunft zu blicken und unser Leben in einem reicheren und sehr viel befriedigenderen Zustand zu sehen. Wir alle haben dieses unendliche Potenzial in uns – und somit zugleich die heilige Pflicht, dieses Potenzial zu pflegen, indem wir es nutzen!

Wie groß ist dieses menschliche Potenzial? Laut Schätzung von Dr. Alexander Rich, Professor für Biophysik am renommierten Massachusetts Institute of Technology (MIT), enthält unser zentrales Nervensystem 100 Millionen Zellen, von denen jede einzelne die Speicherkapazität eines riesigen Computers hat. Sollte dies auch nur annähernd korrekt sein, würde es heißen: Der menschliche Geist hat eine so große Speicherkapazität, dass er das gesamte bekannte Wissen der Welt speichern könnte und noch immer massenhaft Platz wäre!

Andere Spezialisten auf dem Gebiet der menschlichen Kreativität sind ebenfalls der Meinung, dass wir Menschen ein ungenutztes Reservoir von Potenzialen in uns tragen. Zum Beispiel Dr. W. Ross Addey vom Gehirnforschungsinstitut der renommierten UCLA:

Die letztendliche kreative Kapazität Deines Gehirns ist wahrscheinlich unendlich.«

Dies bedeutet: Je mehr wir von diesem Potenzial nutzen, desto bewusster wird uns, wie großartig wir in Wahrheit sind. Und je bewusster ein Mensch sich seines eigenen Potenzials ist, desto leichter kann er Bilder oder Ideen von Dingen aufbauen, die bis zum gegenwärtigen Zeitpunkt niemals zuvor erreicht wurden.

Bis zu welchem Grad hast Du diese unglaubliche Kraft bislang genutzt, um die Qualität Deines eigenen Lebens und das Leben von

Menschen, die Dir nahestehen, zu verbessern? Solltest Du erkennen, dass Du dieses großartige Reservoire von Talenten und Fähigkeiten bis jetzt noch nicht (oder kaum) angezapft hast, darfst Du Dich sehr ehrlich fragen, warum Du es bisher unterlassen hast. Wahrscheinlich findest Du dann heraus, dass Du Dir selber seit Langem eingeredet hast, etwas Bestimmtes nicht tun zu können, und dadurch eine mentale Blockade aufgebaut hast.

Diese mentale Blockade kannst Du entfernen, indem Du Dich in einen sehr entspannten Zustand bringst. Nutze dafür die Befreiungsmeditation (siehe Anfang des Kapitels »6. Schlüssel«). Danach wirst Du erkennen, dass Du alles tun kannst, was Du tun willst, selbst wenn Du noch nicht weißt, wie Du es erreichen wirst.

Was wir mit dem inneren Auge sehen, können wir auch im Außen erschaffen

Sobald wir uns auf der Leinwand unseres Geistes mit dem sehen können, was wir wollen, können wir es auch auf der physischen Ebene sein, haben oder tun. Denn was Du siehst und fühlst, ist das, was Du bekommst. Deshalb sollten wir immer in eine strahlende Zukunft vorausschauen.

Lass mich noch einmal klar betonen, dass ich mich nicht auf das beziehe, was Du tatsächlich mit Deinen physischen Augen sehen kannst. Nein, ich spreche von Deinem kreativen inneren Auge, das Dich Möglichkeiten sehen lässt, die sein könnten. Dieses kreative, schöpferische innere Auge ist der großartige Teil Deiner Persönlichkeit, der Dir erlaubt, in das unendlich große Reich der schöpferischen, nicht-physischen Welt zu schauen. Der Ort, an dem alles beginnt. Die alten Inder nannten dieses Reich »Akasha«, im Christentum heißt es »Himmel«, im Buddhismus »Nirvana«. Alle großen Religionen der Welt haben einen Namen für dieses transzendente Reich. Es ist die schöpferische, nicht-physische Welt – die Quelle, der Ursprung allen Lebens.

Das Leben in der Vergangenheit

Im Gegensatz dazu ist die Vergangenheit der Ort, an dem alles Leben endet. Leider verbringen wahrscheinlich mehr als 95 Prozent der Menschen genau hier, in der Vergangenheit, mehr als 95 Prozent ihrer (Lebens-)Zeit. In unserer Kultur ist es zum Beispiel ein weit verbreitetes Ritual, bei einem Freundestreffen viele Stunden in Erinnerungen an die sogenannten »guten alten Zeiten« zu schwelgen. Indem sie das »Alte« wiederholen, verschwenden sie meines Erachtens viele Stunden wertvoller Lebenszeit.

Sich darüber bewusst werden, in welche Richtung sich der Geist bewegt

Es ist keine gute Idee, vergangene unangenehme Ereignisse immer wieder im Geist zu durchleben. Mit der Erinnerung an vergangenes Unrecht oder an eine beleidigende Bemerkungen, die einem zugefügt wurden, wird wertvolle Lebenszeit vertan. Das Gleiche gilt für jene, die sich schlecht fühlen wegen Niederlagen, die sie in der Vergangenheit erlebt haben, oder wegen Gelegenheiten, die sie ungenutzt verstreichen ließen.

Das Schlimme daran ist außerdem, dass diese Menschen dadurch eine so negative Schwingung beibehalten, dass es keine Möglichkeit für positive Gedanken gibt, welche sie auf dieser Ebene des Bewusstseins erreichen könnten. Es ist, als wären sie gegen positive Gedanken abgeschirmt.

Tatsächlich erschafft diese Art von Denken nur Reue und Schuld, das heißt auf den Punkt gebracht: tödliche emotionale Zustände. Unumstößlich gilt jedoch: Erst wenn sich jemand mit der Tatsache anfreunden kann, dass er selbst der Urheber seines eigenen Unglücks ist, und er seine Verantwortung für den Lauf des eigenen Lebens erkennt, kann er wirklich frei werden. Solange er diese Erkenntnis leugnet, ist er dazu verdammt, seine vergangenen Niederlagen auch in der physischen Welt zu wiederholen. Und solange jemand darauf besteht, dass andere die Ursache seines eigenen Problems seien, wird er nicht erfolgreich sein. Mein geschätzter Lehrer Wayne Dyer drückte es einmal folgendermaßen aus:

»**W**enn die Verrücktheit aller andern die Ursache Deines Unglücks wäre, müsstest Du alle anderen Menschen in die Heilanstalt einliefern, um glücklich zu werden.«

Und Aldous Huxley hat gesagt:

»**D**er einzige Ort im gesamten Universum, den Du verändern kannst, ist Dein Geist.«

Wer dieser Wahrheit Widerstand leistet, wird immer weiter rückwärts gerichtet denken. Muss ich noch einmal betonen, dass es unmöglich ist, gedanklich in eine willkommene Zukunft zu reisen, solange der Geist in die entgegengesetzte Richtung arbeitet?!

Sollte Letzteres bei Dir der Fall sein: Lege sofort eine Vollbremsung hin! Schau Dir noch einmal Deine derzeitige Position an und überarbeite Dein zukünftiges Ziel. Schaue nach vorn und fülle Dein Bewusstsein mit großartigen, wundervollen und prächtigen Gedanken von dem, was Du letztendlich tun und sein kannst. Dein Geist bewegt sich in die Richtung des Bildes, das Du in Deinem Unterbewusstsein hältst: Genau in diese Richtung wird sich Dein Leben entfalten.

Werde Dir sehr bewusst darüber, in welche Richtung sich Dein Geist bewegt!

Das Leben geht in die Richtung, in welche der Geist gehalten wird
▬ ▬ ▬

Als Kind faszinierte mich eine Polaroid-Kamera über alles. Damals gab es ja noch keine Digitalkameras, und auf die entwickelten Bilder analoger Fotoapparate musste man eine kleine Ewigkeit lang warten: zuerst, bis der Film endlich voll war und man ihn im Labor abgeben konnte, dann, bis man die Abzüge bekam. Bei einer Polaroid-Kamera war das anders: Das Bild kam im nächsten Moment heraus, und man konnte buchstäblich beobachten, wie es immer bunter und klarer wurde.

Den menschlichen Geist und die materielle Welt können wir mit einer Polaroid-Kamera vergleichen: Sobald wir ein Motiv festgehalten haben, wird unwiderruflich festgelegt, wie das Bild auszusehen hat. Nach einer kurzen, vorübergehenden Wachstumsphase beginnt sich das Foto zu entwickeln. Es erscheint genau so, wie es ursprünglich geschossen wurde.

Um die Analogie etwas zu vertiefen, würde ich sagen, dass der Verschluss des Kameraobjektivs dem bewussten Geist ähnelt, der für das Einfangen des Bildes verantwortlich ist. Die Kamera könnte man mit dem unterbewussten Geist vergleichen, denn dort wird die Arbeit getan. Und die Fotografie selbst steht für die Resultate, weil sie schlicht und einfach der Welt die physische Kopie des Bildes zeigt, das wir bereits mit dem bewussten Geist geschossen haben. Vollkommen klar ist: Wenn Du ein Bild vom selben Gegenstand schießt, tust Du nichts weiter, als die gleiche Fotografie wieder und wieder zu reproduzieren. Genau das tun viele Menschen mit ihrem eigenen Leben.

Er versuchte, Großes zu erreichen
▬ ▬ ▬

Viele meiner Klienten und Klientinnen sind bewusste, intelligente und äußerst fleißige Menschen; bereits bevor sie zu mir kamen, versuchten sie ernsthaft, etwas Großes zu erreichen, hielten es aber tief in ihrem Herzen für unmöglich – ohne dass es ihnen bewusst gewesen war.

Einer meiner Klienten hatte 20 Jahre damit verbracht, erstens den Verkaufsstatistiken seines Büros zu erlauben, das Bild, welches er von seiner Verkaufsmannschaft hatte, zu kontrollieren; zweitens versuchte er die Resultate zu verbessern, indem er mit Willenskraft, mit noch mehr Disziplin und noch mehr Überstunden dieses Ziel erreichen wollte. Doch seine Erfolge veränderten sich dramatisch, als er begann, alles auf eine ganz bestimmte Weise zu tun, und zwar indem er das innere Bild in seinem Unterbewusstsein neu programmierte.

Natürlich wird jeder, der härter arbeitet, disziplinierter ist usw., seine Resultate kurzfristig verbessern können. Aber wer es nur mit Willenskraft versucht, wird niemals eine dramatische und langfristige Verbesserung sehen, sondern läuft geradewegs in einen Burnout. Wirkliche, nachhaltige Veränderung geschieht erst, nachdem man das innere Bild verändert hat – das Bild, das im Unterbewusstsein verankert ist.

Dieser Klient ist ein hervorragendes Beispiel für einen Menschen, der einst felsenfest davon überzeugt war, dass er vorausschaute und in die Zukunft blickte. Bei näherer Betrachtung aber musste er erkennen, dass er in Wirklichkeit vollkommen rückwärtsgerichtet dachte. Denn er verbrachte die meiste Zeit damit, sich auf die derzeitigen Resultate zu fokussieren, auf seine derzeitigen Gedanken und Bilder. Damals sagte er immer wieder: »Ich weiß, ich bin ein guter Mann. Ich weiß, meine Leute sind gut. Ich weiß, wir können mehr erreichen – aber ich verstehe nicht, warum wir nicht mehr erreichen als jetzt.«

Nachdem ich mit diesem Klienten intensiver arbeitete, verstand er nicht nur, warum sein Leben bisher so verlief, sondern sein Leben änderte sich von einem Tag auf den anderen, und er erzielte großartige Resultate – einfach dadurch, dass er der Verkaufsstatistik nicht mehr erlaubte, sein Leben zu beherrschen. Er hörte auf, den äußeren, Zweifel erregenden Resultaten zu erlauben, sein Denken zu bestimmen. Stattdessen hielt er das Bild der erwünschten Resultate in seinem Geist und fokussierte sich auf ein höheres Bild.

Solltest Du Dich dabei ertappen, wie Du Deiner Verkaufsstatistik, Deinem Bankkonto, dem Röntgenbild oder was auch immer erlaubst, die Art und Weise zu kontrollieren, wie Du Dich fühlst und denkst, kann ich Dir versichern, dass in diesen Gebieten mit Sicherheit keine Verbesserung eintreten wird. Gibst Du aber den derzeitigen sichtbaren Resultaten einfach die Funktion eines äußeren Indikators, welche Bilder Du in der Vergangenheit in Dir gehalten hast, stehen Deine Chancen gut; und wenn Du dann mithilfe Deiner Muskeln des klaren Denkens weiterschreitest, um in eine prachtvolle Zukunft zu blicken, und Du das Bild des Gewünschten in Dir aufbaust, wirst Du sehen, wie es sich manifestiert.

Blicke in die Zukunft!
▬ ▬ ▬

Da es wirklich wichtig ist, wiederhole ich noch einmal: Solange wir unseren derzeitigen oder vergangenen Resultaten erlauben, unseren Denkprozess zu kontrollieren, werden wir niemals erleben, wie unsere schönsten Träume wahr werden. Daher ist es wichtig, in die Zukunft zu schauen und in unserem Inneren das Bild von dem Leben zu erschaffen, das wir wirklich leben wollen. Denn erst dann wird alles, was wir anfassen, wachsen und größer werden.

Rückwärtsgewandt denkende Menschen schaffen es nur sehr selten, Ideen zu entwickeln, mit denen sie zugleich anderen Menschen einen wertvollen Dienst erweisen. Sie können nämlich nur das sehen, was jemand anderes bereits getan hat. Das heißt, sie kopieren nur, was andere zuvor getan haben. Und als Resultat ihrer begrenzten Geisteshaltung sind die Belohnungen, die sie im Leben letztendlich bekommen, leider genauso begrenzt.

Vergeben bedeutet loslassen
▬ ▬ ▬

Früher plagten mich sehr oft Migräneanfälle, sodass ich mich für zwei Tage ins Bett legen und alles verdunkeln musste. Nach einem langen Leidensweg fand ich einen außergewöhnlichen Arzt, dem ich meine Lebensgeschichte – was ich als Kind und Jugendlicher erlebt hatte – erzählte. Er fragte mich: »Weißt du eigentlich, was Vergebung bedeutet?« Für mich war es damals ein christliches, kirchliches Konzept. Doch er sagte: »Vergebung bedeutet, alles, was passiert ist, vollkommen loszulassen. Vergebung bedeutet, Menschen, die dir in der Vergangenheit etwas angetan haben, nicht zu erlauben, auch noch deine Zukunft zu beherrschen. Indem du ihnen vergibst, befreist du dich selbst.«

Er machte mit mir eine Art Vergebungsmeditation, nach der ich mich sehr viel besser fühlte. Diese Vergebungsmeditation wiederholte ich oft, und eines Tages verschwanden die Migräneanfälle vollkommen aus meinem Leben.

Auch die bereits erwähnte Befreiungsmeditation (siehe Anfang des Kapitels »6. Schlüssel«) kann sehr gut für Vergebung genutzt werden.

www.ReichtumsHacks.de/meditationen

Lade sie herunter und führe sie durch, denn zu vergeben bedeutet, sich vollkommen zu befreien und komplett loszulassen. Ohne Hintertürchen. Wenn Du Dich von allem Negativen in Deinem Leben befreien willst, vergib all den Gedanken, die in Deinem Geist sind.

Solltest Du an Kopfschmerzen oder unter negativen Gefühlen leiden, nimm diese Befreiungsmeditation und verpflichte Dich, sie mindestens einen Monat lang täglich zu praktizieren. Du wirst während der Meditation all den Gedanken vergeben, die in Deinem Geist auftauchen, und somit Dein Unterbewusstsein darauf programmieren, den Körper in eine vollkommen entspannte Schwingung zu bringen. Dein Kopf schmerzt nur wegen all dem, was Du nicht loslassen kannst. Dies verursacht Spannung und einen Zustand von chaotischer Schwingung in den Zellen des Gehirns, was wiederum dazu führt, dass das Blut in den Kopf schießt.

Sehr bald wirst Du Dich darauf programmiert haben, entspannen zu können. Ich weiß, dass ich meine Aufgaben nicht so intensiv erfüllen könnte, wenn ich nicht vollkommen entspannt wäre.

Reue und Schuld

Es sind vor allem zwei Grundgefühle, die uns dazu bringen, rückwärtsgewandt zu denken und an der Vergangenheit zu haften, anstatt in die Zukunft zu blicken: einerseits Reue und andererseits das Gefühl von Schuld.

Reue ist ein mentaler Widerstand gegen etwas, was passiert ist. Reue bedeutet, emotional immer wieder gegen vergangene, heute nicht mehr veränderbare Ereignisse anzukämpfen. Man könnte es mit einer kaputten Schallplatte vergleichen: Die Nadel springt immer wieder auf dieselbe Stelle zurück, und der Mensch erlebt seine Vergangenheit im Geist immer wieder neu. Die Schallplatte spielt all die Ungerechtigkeiten der Vergangenheit wieder. Und noch schlimmer: Sooft die Schallplatte erneut gespielt wird, wächst das Gefühl der Reue noch mehr. Also: Was passiert ist, ist passiert – lass die Toten ihre Toten begraben.

Schuldgefühle gehen mit einer Erfolgsblockade einher, denn Schuld bzw. Schuldgefühle ziehen ein negatives Selbstbild nach sich, und dies wiederum blockiert uns. Gefühle von Schuld führen dazu, dass man versucht, etwas richtigzustellen bzw. in der Gegenwart richtig zu machen, was man in der Vergangenheit falsch gemacht zu haben glaubt. Weil wir aber die Vergangenheit nicht ändern können, sind Schuldgefühle unangemessen. Es ist jetzt höchste Zeit, uns von diesen Gefühlen zu befreien, die uns sonst nur zurückhalten.

Die Gefühle von Schuld und Reue liegen nahe beieinander. Man kann sie auf sich selber richten oder auf andere Menschen. Doch sobald Du sie auf jemand anderen richtest, ist es so, als würdest Du bei starkem Gegenwind Schmutz auf jemanden werfen ... Es ist also egal, ob Du diese Gefühle auf Dich richtest oder auf jemand anderen: In jedem Fall schaden sie Dir am allermeisten.

Bewegen wir uns in die Zukunft!

Nennenswerten materiellen Reichtum werden wir niemals erlangen, wenn wir so leben, als würden wir dauernd in den Rückspiegel unseres Autos schauen. Im 19. Kapitel des 1. Mose-Buchs wird erzählt, dass Lots Frau zur Salzsäule erstarrte, als sie auf das untergehende Sodom und Gomorra zurückschaute!

Es ist vollkommen egal, wie schlimm es war – lass es los! Fünf Jahre, zehn Jahre später, wenn wir zurückblicken und uns diese schlimme Geschichte nochmals anschauen, werden wir erkennen, dass darin ein Geschenk verborgen lag.

Vielleicht kennst Du die alte chinesische Geschichte:

> In einem Dorf lebte einmal ein Bauer, der als wohlhabend galt, denn er besaß ein Pferd, mit dem er pflügte und Lasten transportierte.
> Eines Tages lief sein Pferd davon. Alle Nachbarn bedauerten ihn und sagten, wie schrecklich dies sei. Der Bauer aber meinte nur: »Wer weiß, wozu das gut ist.«
> Ein paar Tage später kehrte das Pferd zurück und brachte zwei Wildpferde mit. Die Nachbarn freuten sich alle über das Glück des Bauern. Der aber sagte nur: »Wer weiß, wozu das gut ist.«
> Am nächsten Tag versuchte der Sohn des Bauern, eines der Wildpferde zuzureiten. Das Pferd warf ihn ab, und er brach sich ein Bein. Die Nachbarn hatten alle Mitleid mit dem Vater. Der aber sagte: »Wer weiß, wozu das gut ist.«
> In der nächsten Woche kamen Soldaten ins Dorf, um junge Männer als Rekruten für die Armee zu pressen. Den Sohn des Bauern wollten sie nicht, weil sein Bein gebrochen war. Alle Nachbarn riefen, was für ein Glück der Bauer doch habe. Er aber antwortete: »Wer weiß, wozu das gut ist.«

Die offene Frage »Wer weiß, wozu das gut ist« ist hilfreich in vielen Situationen.

Erinnern wir uns an das Gesetz der Polarität, welches besagt, dass alles zwei Seiten hat. Es gibt keinen Tag ohne Nacht, kein Hell ohne Dunkel, kein Innen ohne Außen, kein Oben ohne Unten, kein Positiv ohne Negativ. Je schlimmer es war, was Dir passiert ist, desto größer ist das darin verborgene Geschenk. Erinnern wir uns an die Aussage von C. G. Jung: Jeder menschliche Fortschritt wird durch eine Krise eingeleitet. Je größer die Krise, desto größer die Chance für Fortschritt.

Wir können es auch anders formulieren: Aus jeder Verwirrung erwächst Ordnung – eine Ordnung von höherem »Rang« als die, die vor der Verwirrung bestand. Die Verwirrung war eine Lernstation.

Bist Du unternehmerisch tätig, dann macht diese Tätigkeit Spaß, sobald Du sie als ein Spiel ansiehst. Gewinnst Du, hast Du einen Haufen Spaß; verlierst Du, lernst Du dazu. Lass uns beide Arten der Erfahrung – das Gewinnen und das Verlieren – gleichwertig behandeln; es sind beides wichtige Lektionen.

Vergegenwärtige Dir noch einmal den Ausspruch von Jesus: »Lass die Toten ihre Toten begraben.« Höre auf, Dich um etwas zu sorgen, was bereits passiert ist. Du kannst es nicht mehr ändern. Die Anstrengung, bereits Geschehenes ändern zu wollen, wäre so vergeblich, als wolltest Du den Zeitpunkt, an dem Du gestern Morgen aufgestanden bist, verändern. Lass es einfach los!

Liebe die Menschen –
auf einer übergeordneten Ebene!

Die Griechen hatten für »Liebe« sehr viel mehr Begriffe als wir. Für die erotische Liebe benutzen sie das Wort »Eros«, für die Liebe innerhalb einer Freundschaft »Philia« und für eine übergeordnete Liebe »Agape«.

Mittels »Philia« oder »Eros« musst Du Dich mit den Menschen, die Dir etwas zuleide getan haben, nicht verbinden, aber mit »Agape«. Liebe sie auf einer übergeordneten Ebene! Das kosmische Gesetz sorgt ohnehin dafür, dass sie die Konsequenzen ihrer Handlungen tragen müssen – darum brauchst Du Dich nicht zu kümmern.

Solange Du aber das Gefühl der Reue in Dir trägst, spielst Du die besagte Schallplatte immer wieder ab, wiederholst genau dieselbe körperliche Erfahrung und rutschst in dieselbe Schwingung.

Man sagt, dass Rheuma und Arthritis nichts anderes als gefrorener Hass sind. Auch ich habe in der Vergangenheit Dinge getan, auf die ich nicht stolz bin. Ich bin mir ziemlich sicher, dass dies wahrscheinlich auf alle Menschen zutrifft. Mich beschäftigte das eine sehr lange Zeit – bis ich schließlich lernte, auch mir selbst zu vergeben.

Statt Schuldgefühle und Reue habe ich inzwischen kreative Fragen in mir. Durch die Entwicklung eines höheren Bewusstseins sind die Gefühle von Schuld und Reue verschwunden. Und ich erlaube mir nicht mehr, auf traumatische Erfahrungen meiner Vergangenheit zurückzuschauen und sie immer wieder zu erleben.

Mit diesem Schlüssel der Befreiung wirst Du Dein Denken auf die Zukunft ausrichten. Du wirst ein klares Bild Deiner prachtvollen Zukunft in Deinem Geist aufbauen können – und Du wirst eine so enorme Entspannung in allen Lebensbereichen erleben, dass Du Dich wie ein neugeborener Mensch fühlen wirst.

7. SCHLÜSSEL:

DIE ENTSCHEIDUNGSKRAFT

Wir haben einen mentalen Schalter in uns, der innerhalb von einer einzigen Millisekunde enorme Probleme für uns lösen kann. Dieser Schalter hat das Potenzial, fast jede problematische persönliche oder auch berufliche Situation zu verändern. Und er könnte uns buchstäblich auf den Pfad zu unglaublichem Erfolg katapultieren. Für diesen magischen Schalter gibt es einen Namen: *Entscheidung.*

Entscheidungen – oder der Mangel daran – sind verantwortlich für das Gelingen bzw. Scheitern vieler Lebenswege. Wer gut darin ist, Entscheidungen zu treffen, *ohne sich von den Meinungen anderer beeinflussen zu lassen,* hat oft ein Jahreseinkommen im sechs- oder sogar siebenstelligen Bereich.

Doch nicht nur das Einkommen wird von Entscheidungen beeinflusst – das gesamte Leben wird davon geprägt: Die Gesundheit des Geistes und des Körpers, das Wohlergehen der eigenen Familie, das gesellschaftliche Leben, die Qualität der zwischenmenschlichen Beziehungen – all dies hängt von der eigenen Fähigkeit ab, ohne Wankelmut vernünftige Entscheidungen zu treffen.

Man sollte annehmen, dass so etwas Wichtiges, das so weitreichende Folgen für unser Leben hat, in jeder Schule gelehrt wird. Aber dies ist leider nicht der Fall. Selbst in den meisten Firmentrainings und Programmen zur Persönlichkeitsentwicklung ist die Vermittlung dieser Schlüsselfähigkeit einfach nicht vorhanden. Es bleibt Dir also nichts anderes übrig, als Dir diese Fähigkeit selbst beizubringen. Ausgestattet mit den relevanten Informationen und Deiner Bereitschaft, Dich gewissen Lernprozessen zu unterwerfen, kannst Du dennoch ein sehr effektiver Entscheider werden!

Ambivalenz – die Unfähigkeit, sich zu entscheiden

━━ ━━ ━━

Konflikte und Verwirrungen können aus dem Leben ausgemerzt werden, indem man sehr gut darin wird, Entscheidungen zu treffen. Entscheidungen bringen Ordnung in den Geist – was sich im alltäglichen Leben sowie in den Resultaten erweist.

Wer keine Entscheidungen treffen kann, ist zum Scheitern verurteilt. Unentschlossenheit führt zu inneren Konflikten – und diese eskalieren ohne weitere Vorwarnung zu inneren mentalen und emotionalen Kriegen. Psychiater und Psychologen haben einen Namen für diese inneren Kriege: *Ambivalenz*. Darunter versteht man zwei gegensätzliche Gefühle, die gleichzeitig in Bezug auf dieselbe Situation vorhanden sind.

Beispiele dafür: Man will sein Gewicht reduzieren, aber die Pizza riecht so lecker … Man möchte heute kein Geld mehr ausgeben, aber die Kinder hätten doch so viel Spaß, wenn … Man ist müde und möchte allein sein, aber den Partner hat man schon so lange nicht mehr gesehen …

Wir müssen keinen Doktortitel in Psychologie haben, um zu verstehen, dass das Leben sehr anstrengend wird, wenn wir unserem Geist diesen andauernden ambivalenten Zustand erlauben. Solange wir die Ambivalenz in uns nicht klären, werden wir ständig sehr entmutigt und unfähig sein, unsere Lebenspläne auf die Reihe zu bringen, die uns nach vorne bringen sollen. Wer sich in einem ambivalenten Zustand befindet, vegetiert im besten Fall gerade so vor sich hin. Dabei würde eine klare Entscheidung (manchmal auch eine ganze Reihe von Entscheidungen) alles verändern.

Wachstum und Sterben gehören zu den grundlegenden Gesetzen des Universums. Unentschlossenheit lässt Lebendigkeit und Träume sterben; Unentschlossenheit ist der Tod. Wie oft hast Du schon einmal jemanden sagen hören: »Ich weiß nicht, was ich tun soll.« Und wie oft hast Du gesagt: »Was soll ich denn bloß machen?«

Denken wir einmal an die unentschlossenen Gefühle, die Du und ich – praktisch jeder auf diesem Planeten – von Zeit zu Zeit erleben:

Liebe sie/ihn – verlasse sie/ihn.
Gib auf – mach weiter.
Tue es – tue es bloß nicht.
Kauf es – verzichte darauf.
Sag es – halt lieber den Mund.
Wage es – lass es sein.

Die Ursache für Ambivalenz ist Unentschlossenheit. Solltest Du aus der Ambivalenz nicht herauskommen, entscheide Dich sofort, die Dauer-Ambivalenz zu beenden.

Erfolgreiche Entscheider und ihr Selbstwertgefühl
▬ ▬ ▬

Jahrzehntelange Studien über das Verhalten von Menschen, die sehr sicher Entscheidungen treffen können, haben ergeben, dass sie eines gemeinsam haben:

Mit der Fähigkeit, sich gut entscheiden zu können, geht ein hoher Grad an Selbstwertgefühl einher.

In vielen anderen Aspekten ihrer Persönlichkeit unterscheiden sie sich wie Tag und Nacht, aber ganz offensichtlich besitzen sie alle Selbstvertrauen. Ein niedriges Selbstwertgefühl und ein Mangel an Selbstvertrauen sind die wahren Übeltäter.

Entscheider aber haben keine Angst davor, einen Fehler zu begehen. Im Gegenteil: Gute Entscheider wissen, dass sich ein Großteil ihrer Entscheidungen als falsch entpuppen wird. Genauso wenig haben sie ein Problem damit, eine falsche Entscheidung wieder rückgängig zu machen.

Fehlentscheidungen erkennen
▬ ▬ ▬

Unsere Welt wird immer komplexer. Der technische Fortschritt hat eine atemberaubende Geschwindigkeit erreicht. Eine Entscheidung, die gestern noch richtig war, kann heute bereits falsch sein.

Ich hatte das große Glück, für ein paar Jahre mit Brian Tracy, dem wahrscheinlich bedeutendsten Business- und Erfolgstrainer der Welt, direkt als Geschäftspartner zusammenarbeiten zu dürfen. Und während dieser Zeit, in der er mein Mentor war, habe ich unglaublich viel gelernt. Eine Methode, die er lehrte und »Zero Base Thinking« nennt, möchte ich hier vorstellen. Sie kann Dir helfen, jegliche Angst vor Entscheidungen zu verlieren.

Angenommen, Du hast eine Entscheidung getroffen – egal, in welchem Lebensbereich –, bist aber deswegen unsicher; sprich: Du spürst ambivalente Gefühle in Dir. Dann stelle Dir folgende Frage:

»Mit dem Wissen, das ich jetzt habe: Gibt es unter den Dingen, die ich tue, irgendetwas, bei dem ich heute entscheiden würde, es nicht mehr zu tun?«

Du kannst Dir die Beziehungen in Deinem Leben anschauen, sowohl die beruflichen als auch die persönlichen:

> Gibt es jemanden in Deinem Leben, mit dem Du heute lieber nichts mehr zu tun hättest? Den Du mit dem Wissen, das Du jetzt hast, nicht mehr einstellen, befördern, mit einer Aufgabe betrauen würdest? Mit dem Du lieber keine Freundschaft mehr beginnen würdest?

> Gibt es etwas, das Du in Deinem Leben tust – beruflich wie auch privat –, was Du mit dem heutigen Wissen nicht mehr beginnen würdest?

> Gibt es Investitionen von Geld, Zeit und Gefühlen in Deinem Leben, die Dich zurückhalten, herunterziehen, unglücklich machen oder Dir Schuldgefühle bereiten? Mit Deinem jetzigen Wissen: Würdest Du diese Investitionen noch einmal tätigen?

Zum Zeitpunkt der Entscheidung stehen uns nie alle Informationen offen zur Verfügung. Wie sollst Du einen Weg kennen, den Du noch nie gegangen bist? Unser Leben ist eine einzige Ansammlung von Weggabelungen. Entweder ich tue das eine und lasse das andere oder ich tue das andere und lasse das eine. Und ob eine Entscheidung richtig war oder nicht, wirst Du erst dann feststellen, wenn Du eine Weile in eine bestimmte Richtung gegangen bist. Doch es bedeutet Stillstand, vor lauter Angst, Du könntest die falsche Richtung wählen, in gar keine Richtung zu gehen.

Mit der Schlüsselfrage von Brian Tracy hast Du eine Technik, um zu ermitteln, ob Du den richtigen Weg eingeschlagen hast oder nicht. Das sollte schon einmal die Hälfte Deiner Angst vor Entscheidungen nehmen. Und nun gebe ich Dir eine weitere Methode, bestehend aus drei einfachen Schritten, die ich ebenfalls von Brian Tracy gelernt habe.

Stell Dir vor, Du musstest feststellen, dass Du eine falsche Entscheidung getroffen hast. Nun zählt nur eine einzige Frage, richtig? Nämlich: »Wie kann ich das möglichst schnell rückgängig machen?«

Die folgenden drei Schlüssel-Aussagen helfen Dir, flexibel zu bleiben und gefahrlos Entscheidungen zu treffen, ohne Angst haben zu müssen, dass sie vielleicht falsch sein könnten. Das bewahrt Dich vor der Ambivalenz-Falle.

Schlüssel-Aussage Nummer 1:
»Ich habe einen Fehler gemacht.«

Laut Brian entpuppen sich 70 Prozent der eigenen Entscheidungen im beruflichen und privaten Leben langfristig gesehen als Fehlentscheidung.

Schlüssel Aussage Nummer 2:
»Ich habe mich geirrt.«

Wenn Du erkennst, dass sich die Informationen, auf der Deine (falsche) Entscheidung beruhte, inzwischen verändert haben, musst

Du bereit sein, zuzugeben, dass Du einen Fehler gemacht hast. Du hast Dich geirrt; Du bist nicht perfekt; Irren ist menschlich. Und dies gilt es jetzt einzugestehen, Dir selber gegenüber – und den anderen gegenüber. Danach geht es darum, sofort etwas anderes zu tun. Dadurch hältst Du Deine Verluste gering.

Schlüssel-Aussage Nummer 3:
»Ich habe meine Meinung geändert.«

Solltest Du neue Informationen bekommen, musst Du darauf vorbereitet sein, Deine Meinung zu ändern und etwas anderes zu tun. Du hattest eine Entscheidung auf Grundlage von Informationen getroffen, die Dir zum Zeitpunkt der Entscheidung zur Verfügung standen. Indem Du den Weg gegangen bist, hast Du Informationen gesammelt, die Du zuvor nicht hattest.

Konrad Adenauer (1876–1967), der legendäre erste Bundeskanzler der Bundesrepublik Deutschland, soll in solchen Situationen gesagt haben: »Was geht mich mein dummes Geschwätz von gestern an?« Sei bereit, Deine Meinung zu ändern und dazu zu stehen! Sei bereit, etwas anderes auf Grundlage der neuen Informationen zu tun. Verschwende weder Zeit noch Geld, noch Energie für eine Situation, in die Du – in Anbetracht der heutigen Informationen – niemals wieder hineingehen würdest.

Wir leben in einer Zeit atemberaubender Veränderungen. Folglich ist es keine Tugend, eine fixe, unveränderliche Meinung zu haben. Die neue Tugend in der heutigen Zeit besteht darin, sehr schnell seine Meinung ändern zu können. Immer dann, sobald es neue Informationen gibt.

Erfolgreiche Entscheider haben die Fähigkeit, einen Fehler oder ein Versagen sehr schnell wieder von sich abzuschütteln. Sie lernen aus der Erfahrung, werden sich aber niemals der Niederlage unterwerfen. Jeder Entscheider hatte entweder das Glück, in einer Umgebung aufgewachsen zu sein, in der das Treffen von Entscheidungen ein Teil der Erziehung war, oder er hat diese Fähigkeit zu einem späteren Zeitpunkt selbst entwickelt. Im Prinzip ist es ganz einfach.

Die drei Schlüssel-Aussagen sind also:

»Ich habe einen Fehler gemacht.«
»Ich habe mich geirrt.«
»Ich habe meine Meinung geändert.«

Jeder, der ein erfülltes und befriedigendes Leben leben möchte, muss verinnerlicht haben:

Es ist nicht vermeidbar, Entscheidungen zu treffen.

Du kennst jetzt eine Methode, mit der Du falsche Entscheidungen erkennen und rückgängig machen kannst. Und nun, nachdem Du sozusagen eine Exit-Strategie erhalten hast, um aus falschen Entscheidungen herauszukommen, ist es genügend sicher, ein wenig GRÖSSER zu denken …

Das Denken jenseits von Beschränkungen

Das Hauptprinzip des Entscheidens lautet:

Entscheide Dich genau da, wo Du jetzt gerade bist, mit dem Wissen, das Du gerade hast, und mit den Ressourcen, die Du gerade siehst.

Genau deshalb werden die meisten Menschen niemals diesen wichtigen Aspekt des Lebens meistern: Sie erlauben nämlich den Ressourcen, die sie sehen können, darüber zu bestimmen, ob und wann eine Entscheidung getroffen werden wird bzw. werden kann.

Als Präsident John F. Kennedy (1917–1963) den Raketeningenieur Werner von Braun (1912–1977) fragte, was für den Bau einer Rakete nötig sei, die den Menschen zum Mond bringen würde (und natürlich auch sicher zur Erde zurück!), war die Antwort des Konstrukteurs einfach und direkt:

»Den Willen, es zu tun.«

John F. Kennedy fragte nicht, ob es möglich wäre, ob sie es sich leisten könnten – oder irgendeine der anderen tausend Fragen, die zu diesem Zeitpunkt sicherlich berechtigt gewesen wären. Nein, er hatte eine Entscheidung getroffen: Sein Land würde einen Menschen auf den Mond bringen und wieder sicher zur Erde zurück. Und zwar noch bevor das Jahrzehnt zu Ende gehen würde.

Die Tatsache, dass dies niemals zuvor versucht wurde, war bei seiner Entscheidung kein Thema. Er entschied genau da, wo er war, mit den Ressourcen, die er bis dahin eben sehen konnte. Und in diesem Moment, wo er die Entscheidung getroffen hatte, war das Ziel in seinem Geist bereits erreicht. Es war nur noch eine Frage der Zeit.

Hier kommt folgendes **universelles Gesetz** mit ins Spiel:

Sobald Du die Entscheidung getroffen hast, wirst Du all die Menschen, Ressourcen und Ideen finden, um Dein Ziel zu erreichen – jedes Mal!

Sollte dies die einzige Erkenntnis sein, die Du aus diesem Kapitel zum Thema »Entscheidung« mitnimmst, brenne sie in Deinen Geist ein. Denn sie wird Dein Leben verändern!

Die Frage, ob Du etwas willst oder etwas nicht willst, ist die einzig gültige Frage. Was immer Du benötigst, um Dein Ziel zu erreichen – Du wirst es anziehen.

Natürlich wird es Leute geben, die behaupten, es sei vollkommen absurd, einfach etwas zu entscheiden oder zu tun, ohne bereits alle notwendigen Ressourcen dafür zu haben. Ich persönlich sehe darin eine sehr einschränkende Art des Denkens. Womöglich ist dies gar kein Denken – es ist eher eine Meinung, die von Menschen übernommen wurde, die selber auch nicht *wirklich* denken. Doch Denken ist sehr wichtig. Entscheider sind großartige Denker.

Achtest Du sehr auf Deine Gedanken? Obwohl dies wirklich jeden Aufwand wert sein sollte, scheuen die meisten Menschen diesen Aufwand. Nur eine sehr kleine, erlesene Gruppe von Menschen tun alles dafür, ihre Gedanken zu kontrollieren und im Lauf der Zeit sogar zu beherrschen. Jeder, der die ErfolgREICHsten der Geschichte untersucht hat, wird wissen, dass alle großen Denker der Menschheitsgeschichte in den meisten Punkten nicht derselben Meinung waren und sind. Und dennoch: Über einen einzigen Punkt waren und sind sich alle großen Denker, Philosophen, Staatsmänner und Religionsstifter einig:

Wir werden, was wir denken!

Wir müssen uns darüber im Klaren sein, dass unsere Gedanken letztlich jede unserer Entscheidungen kontrollieren. **Du bist die Endsumme all Deiner Gedanken.** Indem Du die **Kontrolle über Deine Gedanken** jetzt in diesem Augenblick übernimmst, kannst Du dafür sorgen, dass Du heute garantiert einen großartigen Tag haben wirst. Indem Du Dich weigerst, unglücklichen, negativen Menschen oder Umständen zu erlauben, Dich zu beeinflussen, kannst Du garantiert ein großartiges Leben führen. Der größte Stolperstein, auf den Du stoßen wirst, sobald Du wichtige Entscheidungen in Deinem Leben triffst, sind die äußeren Umstände.

Entscheidung setzt Energie frei

Äußeren Umständen erlauben wir, uns von unserem Traum abzuhalten und sogar unser Ziel aufzugeben, obwohl wir doch in Wirklichkeit alles dafür tun sollten, diesen Traum zu verwirklichen.

Äußeren Umständen Macht über das eigene Leben zu geben, hat mehr Menschen unglücklich gemacht als alles andere auf dieser Welt.

Wie oft haben wir gesagt: »Ich würde gerne dieses oder jenes tun (oder haben), aber ich kann nicht, weil …« Was auch immer nach dem »weil« kommt – es sind die besagten Umstände. Die äußeren Umstände können dafür sorgen, dass wir immer wieder Umwege auf dem Weg zu unserem Traumleben gehen müssen. Doch sollten wir diesen äußeren Umständen niemals die Erlaubnis geben, uns von wichtigen Entscheidungen abzuhalten. Napoleon Bonaparte (1769–1821) sagte einmal: »Umstände? Ich mache sie!«

Wenn Dir jemand erzählt, dass er so gerne einmal eine Reise nach Australien machen würde oder von einem bestimmten Auto träume, aber leider das nötige Geld fehle, solltest Du ihm den Zusammenhang kurz und bündig erklären: Zuerst muss er die Entscheidung treffen, nach Australien zu reisen oder dieses Auto zu kaufen – dann wird er einen Weg finden, um zu bekommen, was er dafür braucht. Und das gilt grundsätzlich!

Das Wort »Ordnung« kommt aus dem Lateinischen und bedeutet »Reihenfolge«. Ordne Deinen Geist, indem Du alles in die richtige Reihenfolge bringst.

Erst kommt die Entscheidung, danach die Ressourcen und alles andere, was Du benötigst.

Viele fehlgeleitete Menschen versuchen etwas *ein* Mal, und wenn sie nicht auf Anhieb oder spätestens beim zweiten Mal ihr Ziel erreichen, fühlen sie sich als Versager. Doch etwas auf Anhieb nicht zu schaffen, ist der Normalzustand. Deshalb brauchst Du auch immer den 5. Schlüssel: Durchhaltevermögen.

Es könnte Dich allerdings wirklich zum »Versager« machen, die Flinte ins Korn zu werfen und aufzugeben. Denke darüber nach: »Aufgeben« ist auch eine Entscheidung! Und wenn Du dieser Logik folgst, wirst Du zu dem Schluss kommen: Die Entscheidung zum Aufgeben heißt, Du hast die Entscheidung getroffen, zu scheitern.

Wiederholte Niederlagen können das Selbstbild eines Menschen beschädigen, und dies kann dazu führen, dass dieser Mensch den Blick für sein wahres Potenzial verliert. Und deshalb treffen sie dann die Entscheidung, aufzugeben, und ergeben sich resigniert ihrem Schicksal.

Zu Beginn und am Ende jeder Bundesligasaison hören wir von Fußballspielern, die den Verein wechseln und im neuen Verein einige Millionen Euro mehr verdienen. Wir sollten uns darüber im Klaren sein, dass diese Fußballmillionäre das Tor, auf das sie schießen, weit häufiger verfehlen, als dass sie es treffen. Ein guter Torschütze ist kein Fußballer, der Angst davor hat, danebenzuschießen. Ein guter Torschütze ist niemand, der sich, nachdem er ein paarmal danebengeschossen hat, selber sagt: »Oje, ich bin ein Versager.« Ein guter Torschütze schießt das ganze Spiel hindurch immer wieder den Ball in Richtung Tor. Denn er weiß: Je öfter er mit dem Ball das Tor anpeilt, desto größer ist die Wahrscheinlichkeit, dass er das entscheidende Tor schießen wird.

Der Erfinder Thomas Edison (1847–1931) hat einmal sinngemäß gesagt: *Wer 999 Mal scheitert und 1 Mal Erfolg hat, hat schon gewonnen.* Das gilt für jede Art von Entscheidung!

Wahrscheinlich wirst Du Deine Strategie ändern müssen, um an Dein Ziel zu gelangen. Wie Du das machst, habe ich Dir bereits verraten:

»Ich habe einen Fehler gemacht.«
»Ich habe mich geirrt.«
»Ich habe meine Meinung geändert.«

Die Welt wird sehr schnell Deine Niederlagen vergessen. Vor allem im Licht Deiner Erfolge. Mache Dir keine Sorgen darüber, zu versagen. Misserfolge werden Dich stärken und Dich auf den großen Sieg vorbereiten.

Zu gewinnen, ist eine Entscheidung.

Eine Vision erschaffen

Vor vielen Jahren wurde die taubblinde amerikanische Schriftstellerin Helen Keller (1880–1968) gefragt, ob es etwas Schlimmeres gebe, als blind zu sein. Spontan antwortete sie: Ja, es gebe etwas, das viel schlimmer sei – die bedauernswerteste Person der Welt sei jene, die zwar ihr Augenlicht, aber keine Vision habe.

Der amerikanische Kaufhausmilliardär J. C. Penney wurde einmal gefragt, wie es um sein Augenlicht stehe. Er antwortete, sein Augenlicht werde zwar immer schwächer, aber dafür sei seine Vision niemals zuvor besser gewesen.

Das beeindruckt mich zutiefst. Und es zeigt mir: Wenn ein Mensch keine Vision eines besseren Lebens in sich trägt, sperrt er sich automatisch in ein selbst geschaffenes Gefängnis; er beschränkt sich auf ein Leben ohne jede Hoffnung.

Viele Menschen besitzen eine wunderschöne Vision, wie sie gerne leben möchten. Weil sie aber nicht sehen können, *wie* sie all dies in die Wirklichkeit umsetzen könnten, erlauben sie der Vision, wieder zu verschwinden. *Aber:* Wenn sie wüssten, wie sie »es« bekommen und machen könnten, hätten sie keine Vision – dann hätten sie »nur« einen Plan!

Pläne sind sehr wichtig – allerdings in keiner Weise inspirierend. Pläne muss man immer wieder ändern und anpassen. Wie das geht, habe ich Dir bereits gezeigt. Eine Vision dagegen ist Inspiration pur.

Wenn Du die Vision hast, halte sie fest! Entscheide Dich für diese Vision. Und sage: »Ja, das ist genau das, was ich wirklich haben will. Und ich werde es haben!« Das ist eine Entscheidung.

Und dann kümmere Dich erst einmal nicht darum, *wie* Du es tun wirst oder wie und woher die Ressourcen zu Dir kommen werden. Sondern lade Deine Entscheidung mit Begeisterung auf! Das ist sehr wichtig. Weigere Dich, Dir Sorgen darüber zu machen, wie es in Deinem Leben Wirklichkeit werden könnte.

Wenn wir verreisen, buchen wir im Voraus. Wir wollen zum Start der Reise Klarheit haben. Wir wollen eine Reise ohne Probleme. Welche Probleme wirst Du in Zukunft aus Deinem Leben tilgen, wenn Du Deine Entscheidungen schon im Voraus bewusst triffst?

Stellen wir uns vor, jemand will abnehmen. Die Entscheidung wird im Voraus getroffen. Wenn diese Person ein großes Stück Schokoladenkuchen angeboten bekommt, braucht sie nicht zu sagen: »Oh, das sieht aber superlecker aus. Ich frage mich gerade, ob ich nicht doch etwas davon essen sollte.« Die Entscheidung wurde im Voraus getroffen, und wenn sie mit Disziplin verbunden wird, führt sie zu den gewünschten Resultaten.

Von Diskussionen, in denen es darum geht, warum etwas nicht getan werden kann, solltest Du Dich fernhalten. Die einzige »Bezahlung«, die Du jemals für die Teilnahme an solchen Diskussionen bekommen wirst, ist, dass Du etwas bekommst, was Du nicht willst.

Es ist erstaunlich, wie viele (offensichtlich intelligente!) Menschen es gibt, die darauf bestehen, einen in eine negative Mangel-Sitzung mit hineinzuziehen. Sie erzählen Dir, dass sie ernsthaft ein bestimmtes Ziel erreichen wollen, und im nächsten Atemzug fangen sie an, Dir zu erklären, warum das alles eigentlich unmöglich sei. Kennst Du das auch? Wie viel mehr könnten diese Menschen ihr Leben genießen, wenn sie die Entscheidung treffen würden, nicht mehr länger an dieser Art von Negativität teilzunehmen?!

Der Begründer der humanistischen Psychologie, Dr. Abraham Maslow (1908–1970), der sein ganzes Leben dem Studium des wahren menschlichen Potenzials widmete, brachte klar zum Ausdruck, dass wir unserem inneren Führer folgen sollten und uns nicht durch die Meinung anderer – oder durch äußere Umstände – von unserem Weg abbringen lassen sollten. Seine Forschung zeigte, dass erfolgreiche Entscheider eine ganze Reihe von Eigenschaften gemeinsam hatten. Und das Wichtigste ist: Sie gingen einer Arbeit nach, die sie selbst für würdig und sehr wichtig hielten. Sie fanden ihr Vergnügen in der Arbeit. Tatsächlich gab es für sie nur einen sehr geringen Unterschied zwischen Arbeit und Spiel. Laut Dr. Maslow gilt: Um ein Mensch zu sein, der sich selber verwirklicht, ist es nicht nur ein Muss, einer Arbeit nachzugehen, die man selbst für wichtig hält; man muss diese Arbeit zugleich gut machen und es genießen, sie bestmöglich zu erfüllen.

Des Weiteren fand er heraus, dass Top-Performer Werte haben, die sie für würdig und wichtig halten. Und diese Werte wurden ihnen nicht durch die Gesellschaft, die Eltern oder andere Menschen in ihrem Umfeld vermittelt – vielmehr fällten sie ihre eigenen Entscheidungen auf der Grundlage ihrer eigenen Werte.

Was sind Deine Werte?
Und folgst Du ihnen – in allem, was Du tust?

Dein Leben ist wichtig … und nur sehr kurz, selbst wenn Du hundert Jahre alt würdest! Die Quintessenz von Maslows Forschung lautet: Du hast das Potenzial, alles zu tun, was Du zu tun wählst, und dies sogar richtig gut zu tun. Aber Du musst eine Entscheidung treffen! Und wenn die Zeit gekommen ist, musst Du genau in diesem Moment die Entscheidung treffen, genau dort, wo Du jetzt gerade stehst, mit den Mitteln, die Du gerade jetzt hast.

Ich möchte dieses Buch mit den Gedanken von zwei großen Entscheidern beenden. Der eine ist William James, der andere Thomas Edison.

William James (1842–1910), einer der Väter der modernen Psychologie, hat uns Folgendes gezeigt: Verglichen mit dem, was wir sein könnten, nutzen wir nur einen Bruchteil unserer physischen und mentalen Ressourcen. Ergo: Wir leben weit unterhalb unserer eigenen Möglichkeiten – weil wir über ungeheure Kräfte unterschiedlicher Art verfügen, die wir einfach nicht nutzen. Warum nutzen wir sie nicht? Aus Gewohnheit!

Jahre später sagte Thomas Edison sinngemäß: Würden wir alles tun, wozu wir im Grunde fähig sind, würden wir uns selbst in Erstaunen versetzen …

Nachdem Du eine einfache Entscheidung getroffen hast, ist einer der großen geheimen Erfolgs- und Reichtumsschlüssel der großen Denker der Vergangenheit auch Dir zugänglich. Du kannst buchstäblich lernen, wie Du Deine verwegensten Träume zu Tatsachen machst. Begreife die Macht dieses 7. Schlüssels, eigne ihn Dir an, wende ihn an und werde Dir Deiner wahren Größe bewusst.

Du hast die unendlichen Ressourcen, das Potenzial und die Fähigkeiten – sie warten nur darauf, entwickelt zu werden. Fange heute damit an – es gab und gibt niemals einen besseren Zeitpunkt als die Gegenwart! Sei alles, was Du in der Lage bist zu sein.

Es ist (D)eine Entscheidung!

WILLKOMMEN IM REICHTUM

Bei der Lektüre dieses Buches ist Dir sicher bewusst geworden, wie wichtig es ist, Deinen Autopiloten dauerhaft zu verändern, damit nachhaltiger Reichtum und Fülle ein selbstverständlicher Teil Deines Lebens werden.

Wenn es Dir gelingt, den Kurs Deines Autopiloten auch nur um ein paar Grad zu ändern, wird Dein Ziel ein ganz anderes sein. Und Du wirst bereits nach kurzer Zeit Veränderungen feststellen und neue Möglichkeiten in Dein Leben ziehen.

Um Dich dabei zu fördern, dieses Wissen noch tiefer in Dein Leben zu integrieren und maßgebliche positive Veränderungen in allen Bereichen Deines Lebens hervorzurufen, biete ich auch Online-Trainings und Seminare an: Hier werden wir sehr intensiv an Deinen Glaubenssätzen und Mustern sowie an Deinen Zielen und Visionen arbeiten. Dein finanzieller Autopilot wird dauerhaft neu ausgerichtet.

Seminartermine und Online-Angebote findest Du unter *www.reichtumshacks.de*

Bleib dran und mach etwas aus Dir!

Ich freue mich darauf, Dich live oder online kennenzulernen.

Herzlichst
Dein Alexander Mark